중국어 첫걸음

중국어 첫걸음

개정판 1쇄 발행 | 2024년 01월 05일

지은이 | 김영진

발행인 | 김선희 · 대 표 | 김종대
펴낸곳 | 도서출판 매월당
책임편집 | 박옥훈 · 디자인 | 윤정선 · 김영이 · 마케터 | 양진철 · 김용준

등록번호 | 388-2006-000018호
등록일 | 2005년 4월 7일
주소 | 경기도 부천시 소사구 중동로 71번길 39, 109동 1601호
        (송내동, 뉴서울아파트)
전화 | 032-666-1130 · 팩스 | 032-215-1130

ISBN 979-11-7029-238-8 (13720)

이 도서의 국립중앙도서관 출판시도서목록(CIP)은 서지정보유통지원시스템 홈페이지
(http://seoji.nl.go.kr)와 국가자료공동목록시스템(http://www.nl.go.kr/kolisnet)에서
이용하실 수 있습니다.(CIP제어번호 : CIP2015029033)

中國語
중국어
첫걸음

매월당
MAEWOLDANG

책을 펴내며

　현재 세계 언어문화의 흐름은 거대한 영어 문화권과 한자 문화권, 아랍어나 인도어 문화권 등으로 재편되고 있다. 그 중에서 한자 문화권은 중국을 비롯하여 한국, 일본, 대만, 월남, 홍콩 등과 싱가포르, 말레이시아 등 동남아시아, 구미欧美의 한자 문화권 교포 사회까지 매우 다양하다. 즉 현재 70억의 세계 인구 중 한자 문화권은 약 30퍼센트인 20억 명으로 추산되고, 그 경제 규모 역시 나날이 향상되어 세계 무역과 경제의 중심축으로 부상하고 있다. 이러한 시점에서 한자 문화권의 주요 성원인 우리나라는 그 이점을 최대한 활용하여 국가 발전의 견인차로 삼아야 한다.

　한자 문화권 중에 독특하게 한국은 고유한 언어와 문자를 가지고 있다. 그러나 조선왕조 전까지 모든 공용문서는 한자로 기록되어 있었고, 또한 한글의 어원을 따지고 보면 그 연원이 고대 중국어인 한자에서 비롯된 것이 대부분이다.

따라서 현대 중국어를 학습함에 있어서도 다른 외국인들에 비해 한국인들은 큰 이점을 지니고 있다. 물론 발음 문제 등은 별도로 학습해야 하지만 이는 구미歐美의 상이한 외국어를 어원부터 발음까지 일일이 학습하는 것에 비해서 시간적으로 엄청나게 절감 효과를 얻을 수 있기 때문이다.

예컨대 중국中国이나 한국韩国, 미국美国이란 고유명사는 이미 한자로 익숙하게 알고 있는 단어이기 때문에 별도로 익힐 필요는 없고 발음만 중꿔, 한꿔, 메이꿔 등으로 외우면 된다. 단지 한글 발음과 더불어 주의할 점은 현대 중국어의 4성과 간체자를 익혀야 하는데, 이 책에 표기된 방법에 따라 천천히 연습하면 된다.

어떤 외국어라도 단숨에 배울 수 있는 비법은 없다. 하지만 가장 효율적인 외국어 장악 비법은 먼저 간단하고 기본적인 단어와 실용적인 단어를 익숙하게 외우고 실제로 사용하는 방법이 가장 좋다. 비근한 예를 하나 더 들어보면 대부분의 일반인들은 영어를 초등학교에서부터 대학교까지 배우고 또 영어 단어를 수천 개에서 수만 개까지 외워서 그 뜻을 알고 있지만, 실제로 영어권의 외국인을 만나 대화를 하게 되면 꿀 먹은 벙어리가 되는 경우가 많다. 그 까닭은 무엇인가? 바로 실생활에서 사용하지 않고 머릿속으로만 외웠기 때문이다.

때문에 이 책에서는 실생활에 자주 사용되는 가장 기본적인 단어를 포함하는 회화 중심으로 구성하였다. 또한 중국 문화를 이해할 수 있는 지식이나 여행에 꼭 필요한 정보를

삽입하여 독자의 편의를 제공하고자 했다.

   중국 속담에 '천리지행千里之行, 성어족하成於足下'라는 말이 있는데, 그 뜻은 '천리 길도, 한 걸음부터 시작한다.'는 것이다. 현대 중국어도 능수능란하게 구사하기 위해서는 처음부터 조급해하지 말고 기초부터 시작하여 한 걸음 한 걸음 가다 보면 나중에는 자신이 목표로 하는 수준까지 반드시 도달할 수 있다.

김영진

중국어 첫걸음

책을 펴내며 · 4

05 먹거리

中國語

01

중국어 소개

▌ 중국어란

중국은 56개 민족이 모여 세운 다민족 연방국이다. 따라서 넓은 의미의 중국어는 이들이 쓰는 모든 언어가 포함된다. 이들 민족 중에 조선족도 포함되어 있으니 조선어 또한 중국어의 한 부분을 차지하고 있다고 볼 수 있다. 그러나 좁은 의미의 중국어는 한족汉族이 쓰는 언어인 한어汉语를 지칭한다. 그 까닭은 56개 민족 중에 한족이 90퍼센트 이상을 차지하기 때문이다. 이 때문에 중국 정부는 한족 중 베이징에서 사용하는 한어를 중국의 보통어普通语로 지정하고 모든 국민들에게 사용을 권장하고 있다.

▌ 한자汉字와 간체자简体字

중국 문자는 기본적으로 한자汉字를 의미한다. 그러나 예부터 내려온 한자는 획수가 너무 복잡하고 외우기 힘든 까닭에 근래에 이를 간소하게 만든 것이 간체자简体字이다. 즉 우리나라나 일본에서 흔히 쓰는 속자俗字 또는 약자略字를 생각하면 쉽게 이해할 수 있다. 예컨대 '나라 국國' 자의 간체자는 '国'이다. 그렇다고 모든 한자를 다 간체화 시킨 것은 아니고 보통 사람들이 흔히 쓰는 약 2,235자를 상용 간체자로 지정하고 있다. 또한 대만과 홍콩 등지에서는 아직까지 한자를 원래대로 사용하고 있는 실정이다.

■ 중국어 표기법 - 한어병음汉语拼音

중국어 즉 한자는 표의表意문자로 표음表音문자와 달리 고립어孤立语에 속한다. 따라서 예전에는 한자 발음을 소수의 중국 지식인만이 하나하나 모두 외워서 사용하고 평민들은 관습적인 발음에만 의존했다. 그러나 근대에 들어와서 서방의 선교사들이 중국에서 활동하면서 한자를 그들 나름대로 로마자식 표기를 하였는데, 이를 바탕으로 만들어진 것이 한어병음汉语拼音이다. 이 표기법으로 말미암아 중국인들은 한자 발음의 통일을 기할 수 있었고, 또 중국의 다른 소수민족이나 외국인들 또한 이를 통해 발음을 손쉽게 익힐 수가 있게 되었다. 다만 주의할 점은 영어의 발음법과 다르기 때문에 기본적으로 로마자식 발음법에 따라 익혀야 한다. 표기법은 다음과 같다.

성모声母는 음절의 첫머리인 자음을 의미한다.

b(뽀어)	p(포어)	m(모어)	f(포어)	d(뜨어)
t(트어)	l(르어)	n(느어)	g(끄어)	k(크어)
h(흐어)	j(지)	q(치)	x(씨)	zh(즈)
ch(츠)	sh(스)	r(르)	z(쯔)	c(츠)
s(쓰)				

운모(韻母)는 성모를 제외한 나머지 부분이다.

단운모

| a(아) | o(오) | e(으어) | i(이) | u(우) | ü(위) |

복운모

ai(아이)	ao(아오)	ei(에이)	ou(오우)
ua[wa](우아)[와]		uo[wo](우어)[워]	
uai[wai]우아이(와이)		uei[wei](우에이)[웨이]	
ia[ya](이아)[야]		ie[ye](이에)[예]	
iao[yao]이아오[야외]	iou[you]이오우[요우]		üe(위에)

비운모

an(안)	en(언)	ang(앙)	eng(엉)
ong(웡)	ian[yan](이에)[옌]		in(yin)(인)
iang[yang](이앙)[양]	ing[ying](잉)		iong[yong](이옹)[용]
uan[wan](우안)[완]	uen[wen](우언)[원]		uang[wang](우앙)[왕]
ueng[weng](우엉)[웡]	üan[yuan](위엔)		ün[yun]윈
ue[yue](위에)			

권설운모

| er(얼) | | | |

※ 한글음 표기는 실제 중국어 발음과는 약간의 차이가 있다.

■ 중국어의 성조声调 — 사성四声

　중국어는 각 음절마다 고유한 음높이가 있는데, 이를 성조声调라고 한다. 따라서 같은 발음이라도 성조가 다르면 그 의미가 달라지니 세심한 주의가 필요하다. 예컨대 프랑스어와 중국어는 다른 외국어에 비해서 노래하는 것처럼 들리는데, 바로 이 성조가 있기 때문이다. 성조는 다음과 같이 제1성, 제2성, 제3성, 제4성 등으로 나뉜다.

제1성　처음부터 끝까지 발음을 높은 음에서 평탄하게 하는 것이다. 예컨대 우리말에 등산할 때에 야~ 호라고 할 때의 '야' 자를 처음부터 끝까지 길게 발음하는 것과 흡사하다. 표기법은 (-)이다.

제2성　처음에 중간 음에서 시작하여 나중에 높은 음으로 끌어올리는 것이다. 예컨대 우리말에 상대방의 말에 의문을 표시할 때에 사용하는 '뭐' 자 발음과 흡사하다. 표기법은 (/)이다.

제3성　처음에 중간 음에서 가장 낮은 음으로 떨어졌다가 나중에 끝을 올리는 것이다. 예컨대 우리말에 상대방의 말을 수긍할 때에 입을 다물고 조용하게 내는 '음' 자 발음과 흡사하다. 표기법은 (√)이다.

제4성 처음에 가장 높은 음에서 시작하여 나중에 가장 낮은 음으로 떨어뜨리는 것이다. 예컨대 군대에서 상관의 말에 재빨리 수긍할 때에 쓰는 '넷' 자 발음과 흡사하다. 표기법은 (\ )이다.

이 밖에 마지막 음절을 짧고 약하게 발음하는 법이 있는데, 이를 '경성輕声'이라고 하며 표기법은 (·)이다. 그러나 일반적으로 성조 표기를 하지 않고 있다.

중국어 기본 표현

인사와 작별할 때		
안녕하세요	你好 nǐ hǎo	니 하오
다시 만나요	再见 zài jiàn	짜이 지엔
만나서 반갑습니다	认识你很高兴 rèn shí nǐ hěn gāo xīng	런 스 니 헌 까오 씽
오랜만에 뵙습니다	好久不见 hǎo jiǔ bù jiàn	하오 지우 부 지엔
잘 부탁드립니다	请多多关照 qǐng duō duō guān zhào	칭 뚸 뚸 꽌 짜오
살펴 가세요	路上小心 lù shàng xiǎo xīn	루 상 쌰오 씬
다음에 봐요	下次见 xià cì jiàn	씨아 츠 지엔

감사 및 사과하기

감사합니다	谢谢	xiè xiè 씨에 씨에
미안합니다	对不起	duì bù qǐ 뚜이 부 치
죄송합니다	抱歉	bào qiàn 빠오 치엔
천만에요	不客气	bù kè qì 부 커 치
괜찮습니다	没关系	méi guān xì 메이 꽌 씨
천만의 말씀입니다	哪里哪里 别客气	nǎ lǐ nǎ lǐ bié kè qì 나 리 나 리, 삐에 커 치
모두 당신 덕분입니다	托你的福	tuō nǐ dè fú 뭐 니 더 푸

긍정과 부정의 의사 표시

예	是	shì 스
아니오	不是	bù shì 부 스
맞습니다	对	duì 뚜이
틀립니다	不对	bù duì 부 뚜이
좋아요	好	hǎo 하오
싫어요	不好	bù hǎo 부 하오
필요해요	要	yào 야오
불필요해요	不要	bù yào 부 야오
알겠습니다	知道了	zhī dào le 쯔 따오 러

모르겠습니다	不知道　bù zhī dào　부 즈 따오
이해합니다	懂　dǒng　똥
이해할 수 없습니다	不懂　bù dǒng　부 똥
있습니다	有　yǒu　요우
없습니다	没有　méi yǒu　메이 요우

양해와 질문

실례합니다	劳驾　láo jià　라오 지아
번거롭게 했습니다	麻烦你　má fán nǐ　마 판 니
말씀 좀 여쭙겠습니다	请问　qǐng wèn　칭 원
부탁드립니다	拜托　bài tuō　빠이 퉈
상관없습니다	无所谓　wú suǒ wèi　우 쒀 웨이
마음대로 하십시오	随便吧　suí biàn bā　쑤이 삐엔 빠
지금 시간이 없습니다	现在没有时间　xiàn zài méi yǒu shí jiān 씨엔 짜이 메이 요우 스 지엔
죄송합니다, 안되겠습니다	对不起, 这不行　duì bú qǐ, zhè bú xíng 뚜이 부 치, 저 부 씽

위급 및 긴급 상황

도와주세요	请帮忙一下　qǐng bāng máng yī xia 칭 빵 망 이 씨아

가방이 안 보여요	行李不见了 xíng lǐ bù jiàn le
	씽 리 부 지엔 러
지갑을 분실했어요	钱包丢了 qián bāo diū le 치엔 빠오 띠우 러
여기에 한국어 할 수 있는 분 계신가요	这里有会说韩语的人吗 zhè lǐ yǒu huì shuō hán yǔ de rén mǎ 쩌 리 요우 후이 수오 한 위 더 런 마
나는 한국대사관까지 가야 합니다	我要去韩国大使馆 wǒ yào qù hán guó dà shǐ guǎn 워 야오 취 한 꿔 따 스 꽌

숫자와 화폐 단위

영	零 líng 링	구	九 jiǔ 지우
일	一 yī 이	십	十 shí 스
이	二 èr 얼	백	百 bǎi 빠이
삼	三 sān 싼	천	千 qiān 치엔
사	四 sì 쓰	만	万 wàn 완
오	五 wu 우	억	亿 yì 이
육	六 liù 리우	원	元 yuán 위엔
칠	七 qī 치	전	钱 qián 치엔
팔	八 bā 빠		

- 중국 화폐는 인민폐人民币(rénmínbì, 런민삐)로 단위는 원元(yuán, 위엔), 각角(jiǎo, 쟈오), 분分(fēn, 펀)으로 나뉜다. 현재 통용되는 화폐는 100元, 50元, 5元, 1元. 5角, 2角, 1角, 5分, 2分, 1分 등 12가지이다. 이 중에서 1元, 5角, 1角. 5分, 2分, 1分 등은

동전이고, 1元. 5角, 1角은 동전과 지폐를 함께 사용하고 있다.

- 화폐를 문자로 표기할 때나 은행에서 획수가 많은 한자를 사용한다.

일	壹	yī 이	이	贰	èr 얼
삼	叁	sān 싼	사	肆	sì 쓰
오	伍	wǔ 우	육	陆	liù 리우
칠	柒	qī 치	팔	捌	bā 빠
구	玖	jiǔ 지우	십	拾	shí 스
백	佰	bǎi 빠이	천	仟	qiān 치엔
원	圆	yuán 위엔			

예) 일백 원 → 壹佰圆(yībǎiyuán, 이빠이위엔)

- 구어체에서 원元(yuán, 위엔)을 괴块(kuài, 콰이)로도 쓴다. 각角을
  모毛(máo, 마오)라고도 부르니 혼용하지 말자.

계절 및 달·요일·시간을 나타내는 말

봄	春天 chūn tiān 춘 티엔
여름	夏天 xià tiān 씨아 티엔
가을	秋天 qiū tiān 치우 티엔
겨울	冬天 dōng tiān 똥 티엔

일월	一月 yī yuè 이 위에
이월	二月 èr yuè 얼 위에
삼월	三月 sān yuè 싼 위에

사월	四月 sì yuè 쓰 위에
오월	五月 wǔ yuè 우 위에
유월	六月 liù yuè 리우 위에
칠월	七月 qī yuè 치 위에
팔월	八月 bā yuè 빠 위에
구월	九月 jiǔ yuè 지우 위에
시월	十月 shí yuè 스 위에
십일월	十一月 shí yī yuè 스 이 위에
십이월	十二月 shí èr yuè 스 얼 위에
매월	每月 měi yuè 메이 위에

월요일	星期一 xīng qī yī 씽 치 이
화요일	星期二 xīng qī èr 씽 치 얼
수요일	星期三 xīng qī sān 씽 치 싼
목요일	星期四 xīng qī sì 씽 치 쓰
금요일	星期五 xīng qī wǔ 씽 치 우
토요일	星期六 xīng qī liù 씽 치 리우
일요일	星期天 xīng qī tiān 씽 치 티엔
주말	周末 zhōu mò 조우 모
다음 주	下个星期 xià gè xīng qī 씨아 꺼 씽 치
이번 주	这个星期 zhè gè xīng qī 저 꺼 씽 치
무슨 요일	星期几 xīng qī jǐ 씽 치 지

※ 星期를 礼拜(lǐ bài, 리 빠이)로 대체할 수 있다.

현재	现在 xiàn zài 씨엔 짜이
오늘	今天 jīn tiān 진 티엔
내일	明天 míng tiān 밍 티엔
모레	后天 hòu tiān 호우 티엔
어제	昨天 zuó tiān 쭤 티엔
그저께	前天 qián tiān 치엔 티엔
그끄저께	大前日 dà qián tiān 따 치엔 티엔
온종일	整天 zhěng tiān 정 티엔
평일	平日 píng rì 핑 르
매일	每日 měi rì 메이 르
오전	上午 shàng wǔ 상 우
오후	下午 xià wǔ 씨아 우
저녁	晚上 wǎn shàng 완 상
아침	早上 zǎo shàng 자오 상
새벽	晨 chén 천
밤	夜晚 yè wǎn 예 완
심야	深夜 shēn yè 선 예
시	时 shí 스 / 点 diǎn 띠엔 点钟 diǎn zhōng 띠엔 종 小时 xiǎo shí 샤오 스
분	分 fēn 펀
초	秒 miǎo 먀오

中國語

02 첫 만남과
신상 소개

▌통성명

A 안녕하세요! 성씨가 어떻게 되시나요?

你好! 您贵姓?

nǐ hǎo! nín guì xìng?

니 하오! 닌 꾸이 씽?

B 제 성은 김이고, 이름은 영웅입니다. 당신의 존함은
어떻게 됩니까?

我姓金, 叫英雄. 请问, 您的尊姓大名?

wǒ xìng jīn, jiào yīng xióng. qǐng wèn, nín dè zūn xìng
dà míng?

워 씽 진, 쟈오 잉 쑴. 칭 원, 닌 더 쭌 씽 따 밍?

A 제 성은 왕이고, 이름은 문장입니다.

我姓王, 叫文章.

wǒ xìng wáng, jiào wén zhāng.

워 씽 왕, 쟈오 원 장

B 말씀 많이 들었습니다. 잘 부탁합니다.

久仰久仰. 请多多关照.

jiǔ yǎng jiǔ yǎng. qǐng duō duō guān zhào.

지우 양 지우 양, 칭 뚸 뚸 꽌 쟈오.

A 만나서 반갑습니다.

见到您很高兴.

jiàn dào nín hěn gāo xìng.

지엔 따오 닌 헌 까오 싱.

새로운 단어

- **你** nǐ 니 〔대〕 너, 당신
- **好** hǎo 하오 〔형〕 좋다, 안녕
- **您** nín 닌 〔대〕 너의 존칭, 당신
- **贵** guì 꾸이 〔형〕 귀하다, 비싸다
- **姓** xìng 씽 〔명〕 성
- **我** wǒ 워 〔대〕 나, 저
- **金** jīn 진 〔명〕 성씨 김, 금
- **叫** jiào 쟈오 〔동〕 외치다, 부르다
- **请问** qǐng wèn 칭원 말씀 좀 여쭙겠습니다
- **的** de 더 〔조〕 한정어와 중심어를 수식하는 조사
- **尊姓大名** zūn xìng dà míng 쭌 씽 다 밍
  존함이 어떻게 됩니까
- **久仰久仰** jiǔ yǎng jiǔ yǎng 지우 양 지우 양
  말씀 많이 들었습니다
- **多多关照** duō duō guān zhào 뚸 뚸 꽌 자오
  잘 부탁합니다

- 见 jiàn 지엔 圄 보다

- 到 dào 따오 圄 도착하다, 다다르다

- 很 hěn 헌 圕 매우, 아주

- 高兴 gāo xìng 까오 씽 圕 반갑다, 기분 좋다

중국 전통찻집

중국의 성씨

중국인 중에 가장 흔한 성姓은 무엇인가? 중국 성어 중에 장삼이사张三李四라는 말이 있는데, 이는 장 씨张氏의 셋째 아들과 이 씨李氏의 넷째 아들이라는 뜻으로 길거리에서 흔히 보는 보통 사람을 지칭한다. 실제로 중국에는 장 씨와 이 씨가 많으며 또한 왕 씨王氏도 많아서 3대 대성大姓으로 꼽힌다. 중국은 10년에 한 번씩 전국 인구통계를 내는데, 2010년에 중국 통계국에서 실시한 6차 전국 인구조사에 따르면 중국인은 약 13억 7천여만 명으로 집계되었다. 또한 2014년에 실시한 성씨별 인구 중에 가장 많은 성은 왕王(wáng 왕) 씨로 총인구의 7.1퍼센트인 약 9천468만여 명에 달한다. 그 다음에 이李(lǐ, 리) 씨로 9천276만여 명에 달하고, 그 다음은 장张(zhāng, 쟝) 씨인데 약 9천만 명으로 이들 인구를 합치면 약 2억 7천여만 명에 달한다. 또한 해외에 거주하는 중국인과 한국인들의 성씨와 합치면 각각 1억 명에 육박하는 숫자이니, 놀랄 만한 일이다.

이 밖에도 2천만 명이 넘는 성씨로는 유刘(Liú, 리우), 진陈(chén, 천), 양杨(yáng, 양), 황黄(huáng, 황), 조赵(zhào 자오), 주周(zhōu, 조우), 오吴(Wú, 우) 씨 등이 있다.

또한 1천만 명이 넘는 성씨로 서徐(xú, 쉬), 손孙(sūn, 쑨), 마马(mǎ, 마), 호胡(hú, 후), 주朱(zhū, 주), 곽郭(guō, 궈),

하何(hé, 허), 나罗(luó, 뤄), 고高(gāo, 가오), 임林(lín, 린) 씨 등으로 중국 20위 내의 성씨에 속한다. 이들 20위 내의 성씨는 총인구의 52퍼센트 이상을 차지한다.

이들 20위 성씨 다음부터 100위 성씨까지는 총인구의 84.77퍼센트를 차지한다. 단성뿐만 아니라 복성도 적지 않은데, 『중화성씨대사전中华姓氏大辞典』에 따르면 고금에 전하는 성씨는 11,969개로 그중에서 두 글자로 된 성씨가 4,329개, 세 글자로 된 성씨가 1,615개, 네 글자로 된 성씨가 569개, 다섯 글자로 된 성씨가 96개, 여섯 글자로 된 성씨가 22개, 일곱 글자로 된 성씨가 7개, 여덟 글자로 된 성씨가 3개, 아홉 글자로 된 성씨와 열일곱 글자로 된 성씨가 각각 1개씩 있는데, 아홉 글자의 성씨는 찬감산사무목운적구爨邯汕寺武穆云籍鞲(cuàn hán shàn sì wǔ mù yún jí gōu, 추안 한 산 쓰 우 무 윈 지 꼬우) 씨이고, 그리고 가장 긴 열일곱 글자로 된 성씨는 소수민족인 이족彝族의 성씨로 바로 노납루우고모차숙다토모고아덕보아희鲁纳娄于古母遮熟多吐母苦啊德补啊喜(lǔ nà lóu yú gǔ mǔ zhē shú duō tǔ mǔ kǔ ā dé bǔ ā xǐ, 루 나 로우 위 꾸 무 저 수 뚸 투 무 쿠 아 떠 뿌 아 씨) 씨이다.

이 밖에도 특이한 성씨가 있는데, 예컨대 죽을 사死(sǐ, 쓰), 독할 독毒(dú, 뚜), 떨 붕蹦(bēng, 뻥) 등의 성씨도 있다. 중국의 성씨는 가히 명실상부한 한 분야의 학문으로 그 독특한 영역을 차지하고 있다.

개인 신상

A   김 선생, 나이를 여쭤봐도 될까요?

金 先生, 您多大年纪?

jīn xiān shēng, nín duō dà nián jì?

진 씨엔 성, 닌 뚸 따 니엔 지?

B   올해 30세입니다.

我今年三十岁.

wǒ jīn nián sān shí suì.

워 진 니엔 싼 스 쑤이.

A   제가 당신보다 두 살 위네요. 띠가 뭐예요?

我比你多两岁. 你属什么?

wǒ bǐ nǐ duō liǎng suì. nǐ shǔ shén me?

워 삐 니 뒤 량 쑤이. 니 수 선 머?

B   그렇습니까? 호랑이띠입니다.

是吗? 我属虎.

shì mǎ? wǒ shǔ hǔ.

스 마? 워 수 후.

A   저는 쥐띠입니다. 결혼은 하셨습니까?

我属鼠. 你结婚了吗?

wǒ shǔ shǔ. nǐ jiē hūn lè mǎ?

워 수 수. 니 지에 훈 러 마?

B 아직 안 했습니다. 당신은 결혼을 하셨습니까?

我还没结婚. 你结婚了没有?

wǒ hái méi jie hūn. nǐ jié hūn le méi yǒu?

워 하이 메이 지에 훈. 니 지에 훈 러 메이 요우?

A 네. 결혼했습니다.

我结婚了.

wǒ jié hūn le.

워 지에 훈 러.

B 아이는 있습니까?

有没有孩子?

yǒu méi yǒu hái zǐ?

요우 메이 요우 하이 쯔?

A 네, 아들 하나와 딸 둘이 있습니다.

是, 有一个男儿和两个女儿.

shì, yǒu yī gè nán ér hé liǎng gè nǚ ér.

스, 요우 이 꺼 난 얼 허 양 꺼 뉘 얼

B 유복하시네요. 당신이 부럽습니다.

有福气. 羡慕你.

yǒu fú qì. xiàn mù nǐ.

요우 푸 치. 씨엔 무 니.

- 先生 xiān shēng 씨엔 성 명 선생
- 多大 duō dà 뭐 따 얼마나
- 年纪 nián jì 니엔 지 명 나이
- 今年 jīn nián 진 니엔 명 금년
- 岁 suì 쑤이 명 나이, 세
- 比 bǐ 삐 동 비교하다
- 多 duō 뭐 형 많을
- 属 shǔ 수 명형 무리, 속하다
- 什么 shén me 선 머 대 무엇, 어떤
- 是吗 shì ma 스 마 그렇습니까
- 虎 hū 후 명 호랑이
- 鼠 shǔ 수 명 생쥐
- 结婚 jié hūn 지에 훈 명 결혼
- 了 le 러 조 동사나 형용사의 뒤에서 동작의 완료를 의미
- 吗 ma 마 조 의문을 표시, ~까?
- 还 hái 하이 부 아직, 여전히
- 没 méi 메이 없다
- 有 yǒu 요우 동 있다
- 孩子 hái zi 하이 쯔 명 아이
- 男儿 nán ér 난 얼 남자 아이
- 女儿 nǚ ér 뉘 얼 여자 아이

- **福气** fú qì 푸 치 图 복, 행운
- **羡慕** xiàn mu 씨엔 무 图 부러워하다, 선망하다

- **爷爷** yé yé 예 예 图 할아버지
- **奶奶** nǎi nǎi 나이 나이 图 할머니
- **外公** wài gōng 와이 꽁 图 외할아버지
- **外婆** wài pó 와이 포 图 외할머니
- **爸爸** bà bà 빠 빠 图 아버지
- **妈妈** mā mā 마 마 图 어머니
- **伯父** bó fù 뽀 푸 图 큰아버지, 백부
- **叔叔** shū shū 수 수 图 작은아버지, 삼촌
- **姑妈** gū mā 꾸 마 图 고모
- **阿姨** ā yí 아 이 图 이모
- **侄子** zhí·zi 즈 쯔 图 조카
- **哥哥** gē gē 꺼 꺼 图 형
- **姐姐** jiě jiě 지에 지에 图 누나
- **我** wǒ, 워 图 나
- **妹妹** mèi mèi 메이 메이 图 여동생
- **弟弟** dì dì 띠 띠 图 남동생
- **丈夫** zhàng fū 장 푸 图 장부, 남편

- **妻子** qī zǐ, 치 쯔 멤 아내와 자식, 아내

- **太太** tài tài 타이 타이 멤 아내

- **老婆** lǎo pó 라오 포 멤 아내

- **爱人** ài rén 아이 런 멤 배우자

- **儿媳妇** ér xí fù 얼 씨 푸 멤 며느리

- **女婿** nǚ xù 뉘 쉬 멤 사위

- **孙子** sūn zǐ 쑨 쯔 멤 손자

- **孙女** sūn nǚ 쑨 뉘 멤 손녀

- **外孙子** wài sūn zǐ 와이 쑨 쯔 멤 외손자

- **外孙女** wài sūn nǚ 와이 쑨 뉘 멤 외손녀

- **牛** niú 니우 멤 소

- **兔** tù 투 멤 토끼

- **龙** lóng 롱 멤 용

- **蛇** shé 서 멤 뱀

- **马** mǎ 마 멤 말

- **羊** yáng 양 멤 양

- **猴** hóu 허우 멤 원숭이

- **鸡** jī 지 멤 닭

- **狗** gǒu 꼬우 멤 개

- **猪** zhū 주 멤 돼지

■ 친구 소개

A 소개드립니다, 제 친구입니다.

介绍一下，这位是我的朋友.

jiè shào yī xià, zhè wèi shì wǒ dè péng yǒu.

지에 샤오 이 시아, 저 웨이 스 워 더 펑 요우

B 안녕하세요, 처음 뵙겠습니다. 저는 장나라입니다.

你好，初次见面. 我叫张那罗.

nǐ hǎo, chū cì jiàn miàn. wǒ jiào zhāng na luó.

니 하오, 추 츠 지엔 미엔. 워 쟈오 장 나 뤄.

C 만나 뵙게 되어 영광입니다. 저는 이장동이라고 합니다.

见到你很荣幸. 我叫李长东.

jiàn dào nǐ hěn róng xìng. wǒ jiào lǐ cháng dōng.

지엔 따오 니 헌 롱 씽. 워 쟈오 리 창 동.

B 제 명함입니다. 앞으로 자주 연락합시다!

这是我的名片. 以后常联系吧!

zhè shì wǒ de míng piàn. yǐ hòu cháng lián xì bā!

저 스 워 더 밍 피엔. 이 허우 창 리엔 씨 빠!

C 좋습니다! 당신은 무슨 일을 하고 계십니까?

好的! 您做什么工作?

hǎo dè! nín zuò shén mè gōng zuǒ?

하오 더! 닌 쭤 선 머 꽁 쭤?

B　저는 국제 무역업에 종사하고 있습니다.

我从事国际贸易.

wǒ cóng shì guó jì mào yì.

워 총 스 꿔 지 마오 이.

C　저와 같은 일을 하시네요. 앞으로 잘 지냅시다!

我也同行业. 以后经常见面吧!

wǒ yě tóng háng yè. yǐ hòu cháng jiàn miàn bà!

워 이에 통 항 예. 이 허우 창 지엔 미에 빠!

- **介绍** jiè shào 지에 사오　동 소개하다
- **一下** yī xià 이 씨아　명 잠깐, 좀
- **这位** zhè wèi 저 웨이　대 이분
- **是** shì 스　동 이다
- **朋友** péng yǒu 펑 요우　명 친구
- **初次见面** chū cì jiàn miàn 추 츠 지엔 미엔　처음 뵙겠습니다
- **荣幸** róng xìng 룽 씽　형 영광스럽다
- **名片** míng piàn 밍 피엔　명 명함
- **常** cháng 창　형 항상, 자주
- **联系** lián xì 리엔 씨　명동 연락하다, 연계하다
- **吧** bā 빠　조 말 뒤에서 제의, 청구, 명령, 독촉의 어기를 나타냄

- 好的 hǎo de 하오 더 좋아, 좋다

- 做 zuò 쮀 图 만들다, 하다

- 工作 gōng zuó 꽁 쮀 图 일, 작업

- 从事 cóng shì 총 스 图 종사하다, 일하다

- 国际贸易 guó jì mào yì 꿔 지 마오 이 图 국제무역

- 也 yě 예 图 도, 또한

- 同行业 tóng háng ye 통 항 예 图 같은 업종

- 经常 jīng cháng 징 창 图 늘, 언제나, 항상

- 见面 jiàn miàn 지엔 미엔 图 만나다, 대면하다

관련 단어 직업 및 직급

- 商人 shāng rén 상 런 图 상인

- 农民 nóng mín 농 민 图 농민

- 公司职员 gōng sī zhí yuán 꽁 쓰 즈 위엔 图 회사원

- 学生 xué shēng 쉬에 성 图 학생

- 老师 lǎo shī 라오 스 图 선생님

- 教师 jiào shī 쟈오 스 图 교사

- 教授 jiào shòu 쟈오 서우 图 교수

- 家庭主妇 jiā tíng zhǔ fù 지아 팅 주 푸 图 가정주부

- 推销员 tuī suǒ yuán 투이 쉬 위엔 图 세일즈맨

- 公务员 gōng wù yuán 꽁 우 위엔 图 공무원

- 审判员 shěn pàn yuán 선 판 위엔 몡 판사
- 检察员 jiǎn chá yuán 지엔 차 위엔 몡 검사
- 律师 lǜ shī, 뤼 스 몡 변호사
- 警察 jǐng chá 징 차 몡 경찰
- 军人 jūn rén 쥔 런 몡 군인
- 医生 yī shēng 이 성 몡 의사
- 护士 hù shì 후 스 몡 간호사
- 药剂师 yào jì shī 야오 지 스 몡 약사
- 导游 dǎo yóu 따오 요우 몡 가이드
- 厨师 chú shī 추 스 몡 요리사
- 司机 sī jī 쓰 지 몡 운전기사
- 歌手 gē shǒu 꺼 서우 몡 가수
- 音乐家 yīn lè jiā 인 러 지아 몡 음악가
- 画家 huà jiā 화 지아 몡 화가
- 消防员 xiāo fáng yuán 샤오 팡 위엔 몡 소방관
- 美容师 měi róng shī 메이 룽 스 몡 미용사
- 作家 zuò jiā 쭤 지아 몡 작가
- 设计师 shè jì shī 서 지 스 몡 디자이너
- 建筑家 jiàn zhù jiā 지엔 주 지아 몡 건축가
- 乘务员 chéng wù yuán 청 우 위엔 몡 승무원
- 政治家 zhèng zhì jiā 정 즈 지아 몡 정치가
- 银行职员 yín háng zhí yuán 인 항 즈 위엔 몡 은행원

- **工程师** gōng chéng shī 꽁 청 스　명　엔지니어
- **社长** shè zhǎng 서 쟝　명　사장
- **经理** jīng lǐ 징 리　명　지배인
- **秘书** mì shū 미 수　명　비서
- **主任** zhǔ rèn 주 런　명　주임
- **翻译** fān yì 판 이　명　번역가
- **售货员** shòu huò yuán 서우 훠 위엔　명　판매원
- **服务员** fú wù yuán 푸 우 위엔　명　종업원

중국의 고택

우리말과 다른 중국어 호칭

한국어에서 노파老婆는 할머니를, 애인爱人은 연애하는 상대방을 지칭한다. 그러나 중국어에서 노파와 애인은 흔히 아내나 배우자를 지칭한다. 또한 아내를 태태太太(tài itài 타이타이)로 부르기도 하는데, 흔히 남편 성을 따라 호칭하기도 한다. 그리고 보통 애인 사이를 정인情人 (qíngrén, 칭런)으로 표현한다.

부인
노파 **老婆** lǎo po 라오 포
태태 **太太** tài tài 타이 타이
처자 **妻子** qī zǐ 치 쯔

남편
장부 **丈夫** zhàng fū 장 푸
선생 **先生** xiān shēng 씨엔 성

배우자
애인 **爱人** ài rén 아이 런

애인
정인 **情人** qíng rén 칭 런

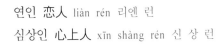

연인 恋人 liàn rén 리엔 런
심상인 心上人 xīn shàng rén 신 상 런

또 우리말에 사부师傅(shīfu, 스푸)는 보통 스승이나 선생님을 지칭할 때에 사용하나, 중국어에서는 그런 뜻을 포함해서 어떤 기능을 가진 사람을 일반적으로 호칭할 때에 애용된다. 예컨대 택시 기사, 요리사, 무술사범, 잘 모르는 남자 등등을 호칭할 때에 사용하면 무난하다.

그리고 아가씨는 일반적으로 소저小姐(xiǎojiě, 샤오지에), 혹은 고낭姑娘(gūniáng, 꾸니앙)이라고 부른다. 그런데 최근 소저라는 뜻에 약간 부정적인 뜻이 담겨 있어서 사용할 때에 주의가 필요하다. 일반적으로 식당, 상업 등 서비스 업종에 종사하는 아가씨를 흔히 미인美人(měirén, 메이런)으로 부르기도 하고, 가장 무난한 말은 복무원服务员(fúwùyuán, 푸우위엔)으로 호칭하는 것이다.

상대방의 거주지

A 당신의 고향이 어디세요?

你的老家在哪儿?

nǐ de lǎo jià zài na ér?

니 더 라오 지아 짜이 나 얼?

B 한국 서울입니다. 당신은요?

是韩国的首尔. 你呢?

shì hán guó de shǒu ěr. nǐ ne?

스 한 궈 더 서우 얼. 니 너?

A 저는 토박이 북경 사람입니다. 당신은 현재 어디에
계시나요?

我是地道的北京人. 你现在住在哪儿?

wǒ shì dì dào de běi jīng rén. nǐ xiàn zài zhù zài nǎ ér?

워 스 띠 따오 더 베이 징 런. 니 시엔 짜이 주 짜이 나 얼?

B 북경호텔에 있습니다.

在北京饭店.

zài běi jīng fàn diàn.

짜이 베이 징 판 띠엔.

A 고궁과 만리장성은 가보셨습니까?

你去过没有故宫和万里长城?

nǐ qù guò méi yǒu gù gōng hé wàn lǐ cháng chéng?
니 취 궈 메이 요우 꾸 꿍 허 완 리 창 청?

B 아직 못 갔습니다. 같이 가주실 수 있나요?

还没有. 你能陪我去吗?

hái méi yǒu. nǐ néng péi wǒ qù mǎ?
하이 메이 요우. 니 넝 페이 워 취 마?

A 문제없습니다. 내일 아침 9시에 가시죠! 어떻습니까?

没问题. 明天早上九点一起去吧! 怎么样?

méi wèn tí. míng tiān zǎo shàng jiǔ diǎn yī qǐ qù bā! zěn me yàng?
메이 원 티. 밍 티엔 짜오 상 지우 띠엔 이 치 취 빠! 쩐 머 양?

B 감사합니다. 그럼 내일 뵙겠습니다!

谢谢. 那么明天见吧!

xiè xiè. nà me míng tiān jiàn bā!
씨에 씨에. 나 머 밍 티엔 지엔 빠!

A 연락하기 편하게, 핸드폰 번호를 알려주세요.

联系我们自在, 请告诉我你的手机号码.

lián xì wǒ men zì zài, qǐng gào sù wǒ nǐ de shǒu jī hào mǎ.
리엔 씨 워 먼 쯔 짜이, 칭 까오 쑤 워 니 더 서우 지 하오 마.

B   제 핸드폰 번호는 159-541-5141입니다.

我的手机号码是一五九－五四一－五
一四一.

wǒ dè shǒu jī hào mǎ shì yī wu jiǔ-wǔ sì yī-wǔ yī sì yī.

워 더 서우 지 하오 마 스 이 우 지우우 쓰 이-우 이 쓰 이.

새로운 단어

- 老家 lǎo jiā 라오 지아 통 고향, 집
- 在 zài 짜이 통 존재하다, 있다
- 哪儿 nǎ ér 나 얼 데 어디, 어느 곳
- 韩国 hán guó 한 꿔 명 한국
- 首尔 shǒu ěr 서우 얼 명 서울
- 呢 ne 너 조 의문조사
- 地道 dì dào 띠 따오 형 진짜, 본토박이
- 北京人 běi jīng rén 베이 징 런 명 북경 사람
- 去 qù 취 통 가다
- 故宫 gù gōng 꾸 꿍 고궁
- 和 hé 허 형 와, 과
- 万里长城 wàn lǐ cháng chéng 완 리 창 청 명 만리장성
- 陪 péi 페이 통 모시다, 동반하다
- 明天 míng tiān 밍 티엔 명 내일

- 早上 zǎo shàng 짜오 상 명 아침

- 点 diǎn 띠엔 명 시

- 一起 yì qǐ 이 치 부 함께, 더불어

- 怎么样 zěn me yàng 전 머 양 대접조 어떻습니까

- 谢谢 xiè xiè 씨에 씨에 동 감사합니다

- 那么 nà, mè 나 머 접 그렇다면

- 自在 zì zài 쯔 짜이 형 자유롭다, 편하다

- 告诉 gào su 까오 쑤 명동 알리다, 말하다

- 手机 shǒu jī 서우 지 명 핸드폰

- 号码 hào mǎ 하오 마 명 번호

▮ 신앙

A   당신은 종교를 가지고 있습니까?

你信仰宗教吗?

nǐ xìn yǎng zōng jiào mǎ?
니 씬 양 쭝 쟈오 마?

B   나는 종교가 없습니다. 중국에서 종교를 가진 사람
은 아주 적습니다.

我不信仰宗教. 在中国信教人数很少.

wǒ bù xìn yǎng zōng jiào. zài zhōng guó xìn jiào rén shù
hěn shǎo.

워 부 씬 양 쭝 쟈오, 짜이 중 궈 씬 쟈오 런 수 헌 샤오.

A 그렇습니까? 저는 기독교를 믿고 있어요. 한국은 많
은 사람이 종교를 가지고 있습니다.

是吗? 我信基督教. 很多韩国人都信教.

shì ma? wǒ xìn jī dū jiào. hěn duō hán guó rén dōu xìn
jiào.

스 마? 워 씬 지 두 쟈오. 헌 둬 한 궈 런 더우 씬 쟈오.

B 중국의 모든 사람은 종교의 자유를 누릴 권리가 있
습니다. 그러나 남에게 강요할 수 없습니다.

在中国, 每个人都享有信仰自由的权利.
而且在中国不能强迫人们信教.

zài zhōng guó, měi gè rén dōu xiǎng yǒu xìn yǎng zì yóu
de quán lì. ér qiě zài zhōng guó bù néng qiáng pò rén
mèn xìn jiào.

짜이 중 궈, 메이 거 런 더우 샹 요우 신 양 쯔 요우 더 취엔 리.
얼 치에 짜이 중 궈 부 넝 챵 포 런 먼 씬 쟈오.

A 신앙이 있으면 대인관계나 일에 큰 도움이 됩니다.

有信仰对人做事很有帮助.

yǒu xìn yǎng duì rén zuò shì hěn yǒu bāng zhù.

요우 씬 양 뚜이 런 쭤 스 헌 요우 빵 주.

B 정말입니까? 그렇다면 저도 종교를 믿어야겠습니다.

真的是吗? 那么我要信宗教.

zhēn de shì má? na me wǒ yào xìn zōng jiào.

전 더 스 마? 나 머 워 야오 씬 쫑 쟈오.

A 좋습니다. 시간이 되시면, 저와 함께 교회에 가시죠!

好的. 有时间的话, 跟我一起去教堂!

hǎo de. yǒu shí jiān de huà, gēn wǒ yī qǐ qù jiào táng!

하오 더. 요우 스 지엔 더 화, 건 워 이 치 취 쟈오 탕!

새로운 단어

- 信仰 xìn yǎng 씬 양 동명 믿음, 신앙
- 宗教 zōng jiào 쫑 쟈오 명 종교
- 不信 bù xìn 부 씬 명 불신
- 教人 jiào rén 쟈오 런 명 교인, 교도
- 很少 hěn shǎo 헌 사오 매우 적다
- 基督教 jī dū jiào 지 뚜 쟈오 명 기독교
- 每个人 měi gè rén 메이 꺼 런 명 매 개인, 사람마다
- 都 dōu 더우 부 모두, 다
- 自由 zì yóu 쯔 여우 명형 자유, 자유롭다
- 权利 quán lì 취엔 리 명 권리
- 而且 ér qiě 얼 치에 접 그러나, 더욱이, 또한

- **不能** bù néng 부 넝　~할 수가 없다, ~해서는 안 된다

- **强迫** qiáng pò 치앙 포　⑧ 강박하다, 강요하다, 핍박하다, 강제로 시키다

- **人们** rén mèn 런 먼　⑲ 사람들, 남

- **信教** xìn jiào 씬 쟈오　⑧ 종교를 믿다

- **对人** duì rén 뚜이 런　⑲ 대인, 상대방

- **做事** zuò shì 쭤 스　⑧ 일을 하다

- **帮助** bāng zhù 빵 주　⑧ 돕다

- **信** xìn 씬　⑲⑧ 믿음, 믿다

- **时间** shí jiān 스 지엔　⑲ 시간

- **跟** gēn 건　⑲⑧ 건, 과, 와

- **教堂** jiào táng 쟈오 탕　⑲ 교회

관련 단어

- **佛教** fó jiāo 포 쟈오　⑲ 불교

- **道教** dào jiāo 따오 쟈오　⑲ 도교

- **天主教** tiān zhǔ jiāo 티엔 주 쟈오　⑲ 천주교

- **伊斯兰教** yī sī lán jiāo 이 쓰 란 쟈오　⑲ 이슬람교

- **清真教** qīng zhēn jiāo 칭 전 쟈오　⑲ 이슬람교의 중국식 명칭

- **回教** huí jiāo 후이 쟈오　⑲ 회교, 이슬람교의 중국식 명칭

A 어떤 취미가 있어요?

有什么爱好?

yǒu shén me ài hǎo?

요우 선 머 아이 하오?

B 제 취미는 다양합니다, 그중에서 독서와 등산을 좋아합니다.

我的兴趣很多, 其中爱好读书和爬山.

wǒ dè xīng qù hěn duō, qí zhōng ài hǎo dú shū hè pá shān.

워 더 씽 취 헌 뚸, 치 중 아이 하오 뚜 수 허 파 산.

A 어떤 장르의 책을 좋아하십니까?

你喜欢什么类型的书?

nǐ xǐ huān shén me lèi xíng dè shū?

니 씨 환 선 머 레이 씽 더 수?

B 무슨 책이든 다 읽기 좋아해요, 특히 현재는 무협소설에 빠져 있습니다.

我什么书都喜欢看, 特别现在耽读武侠小说.

wǒ shén me shū dōu xǐ huān kàn, tè bié xiàn zài dān dú wǔ xiá xiǎo shuo.

워 선 머 수 뚸 씨 환 칸, 터 삐에 씨엔 짜이 딴 뚜 우 샤 씨아오 쉬

A　장백산에 가신 적이 있나요?

你去过了没有长百山?

nǐ qù guò le méi yǒu cháng bǎi shān?

니 취 꿔 러 메이 요우 창 빠이 산?

B　장백산은 백두산이죠! 당연히 갔다 왔습니다.

长白山就是白头山吧! 当然去过了.

cháng bái shān jiù shì bái tóu shān bā! dāng rán qù guò le.

창 빠이 산 지우 스 빠이 터우 산 빠! 당 란 취 꿔 러.

A　천지도 보았나요?

你去天池了没有?

nǐ qù tiān chí le méi yǒu?

니 취 티엔 츠 러 메이 요우?

B　갔습니다. 구름 안개에 감싸여 있는데, 정말 장관입니다.

去了. 那里云雾缭绕, 真的蔚为大观.

qù le. nà lǐ yún wù liáo rào, zhēn de wèi wéi dà guān.

취 러. 나 리 윈 우 랴오 라오, 전 더 웨이 웨이 따 꽌.

A　당신 말을 들으니, 저도 한 번 가고 싶어지는군요.

听你的话, 我也想去了.

tīng nǐ de huà, wǒ yě xiǎng qù le.

팅 니 더 화, 워 예 씨앙 취 러.

- **爱好** ài hǎo 아이 하오 <명><동> 애호, 취미

- **兴趣** xīng qu 씽 취 <명> 흥취, 흥미, 취미

- **读书** dú shū 뚜 수 <동> 독서

- **爬山** pá shān 파 산 <동><명> 등산하다, 등산

- **喜欢** xǐ huān 씨 환 <동> 좋아하다

- **类型** lèi xíng 레이 씽 <명> 유형

- **看** kàn 칸 <동> 보다

- **耽读** dān du 딴 뚜 <동> 탐독하다

- **武侠小说** wǔ xiá xiǎo shuo 우 씨아 씨아오 쉬 <명> 무협소설

- **去** qù 취 <동> 가다

- **过** guò 꿔 <동> 지나다, 가다

- **长百山** cháng bái shān 창 빠이 산 <명> 백두산의 중국 명칭

- **就是** jiù shì 지우 스 <부> 바로 ~이다

- **天池** tiān chí 티에 츠 <명> 천지

- **云雾** yún wù 윈 우 <명> 구름과 안개

- **缭绕** liáo rào 랴오 라오 <동><형> 감돌다, 맴돌다

- **真** zhēn 전 <형><부> 참으로, 정말

- **蔚为大观** wèi wéi dà guān 웨이 웨이 따 꽌 정말 장관이다

취미 2

A 당신의 취미는 무엇입니까?

你的爱好是什么?

nǐ de ài hǎo shì shén me?

니 더 아이 하오 스 선 머?

B 저는 영화 보는 것을 좋아합니다.

我喜欢看电影儿.

wǒ xǐ huān kàn diàn yǐng ér.

워 씨 환 칸 띠엔 잉 얼.

A 할리우드 영화를 좋아합니까 아니면 중국 영화를
좋아합니까?

你喜欢好莱坞的还是中国的?

nǐ xǐ huān hǎo lái wù de hái shì zhōng guó de?

니 씨 환 하오 라이 우 더 하이 스 중 궈 더?

B 모두 좋아합니다. 하지만 최근에는 중국 무술영화
와 공상과학영화를 즐겨 봅니다.

**都喜欢. 可是最近我爱看中国武打片
和科幻片.**

dōu xǐ huān. kě shì zuì jìn wǒ ài kàn zhōng guó wǔ dǎ

piàn hé kē huàn piàn.

더우 씨 환. 커 스 쭈이 진 워 아이 칸 중 궈 우 따 피엔 허

커 환 피엔.

A 어느 스타를 가장 좋아합니까?

你最喜欢哪位明星?

nǐ zuì xǐ huān nǎ wèi míng xīng?

니 쭈이 씨 환 나 웨이 밍 씽?

B 저는 이연걸과 성룡을 좋아합니다. 또 탐 크루즈도 무척 좋아합니다.

我喜欢李涟杰和成龙. 又喜欢汤姆·克鲁斯.

wǒ xǐ huān lǐ lián jié hé chéng lóng. yòu xǐ huān tāng mǔ·kè lǔ sī.

워 씨 환 리 리엔 지에 허 청 롱. 여우 씨 환 탕 무·커 뤼 쓰.

A 당신은 무엇 때문에 그들을 좋아합니까?

你为什么喜欢他们呢?

nǐ wèi shí me xǐ huān tā men ne?

니 웨이 스 머 쓰 환 타 먼 너?

B 잘생겼을 뿐만 아니라 연기도 잘하기 때문입니다.

他们长得帅而且演技也不错.

tā men zhǎng dé shuài ér qiě yǎn jì yě bú cuò.

타 먼 장 더 솨이 얼 치에 옌 지 예 부 춰.

- 电影 diàn yǐng 띠엔 잉 명 영화

- 好莱坞 hǎo lái wù 하오 라이 우 명 할리우드

- 还是 hái shì 하이 스 부접 여전히, 또한

- 武打片 wǔ dǎ piàn 우 따 피엔 명 무술 영화, 쿵푸 영화

- 科幻片 kē huàn piàn 커 환 피엔 명 공상과학영화

- 明星 míng xīng 밍 씽 명 스타

- 李涟杰 lǐ lián jié 리 리엔 지에 명 이연걸

- 成龙 chéng lóng 성 룽 명 성룡

- 汤姆·克鲁斯 tāng mǔ·kè lǔ sī 탕 무 커 뤼 쓰 명 탐 크루즈

- 帅 shuài 솨이 형 멋있다

- 演技 yǎn jì 옌 지 명 연기

- 不错 bú cuò 부 춰 형 맞다, 틀림없다, 좋다

취미

- 钓鱼 diào yú 띠아오 위 동 낚시

- 围棋 wéi qí 웨이 치 명 바둑

- 象棋 xiàng qí 씨앙 치 명 장기

- 摄影 shè yǐng 서 잉 명동 사진 촬영

- 园艺 yuán yi 위엔 이 명 원예

- 集邮 jí yóu 지 요우 명동 우표 수집

- 赏音 shǎng yīn 상 인 图 음악 감상
- 电影欣赏 diàn yǐng xīn shǎng 띠엔 잉 씬 상 图 영화 감상
- 旅游 lǚ yóu 뤼 요우 图图 여행
- 跳舞 tiào wǔ 탸오 우 图图 춤, 춤추기
- 唱歌 chàng gē 창 꺼 图图 노래 부르기
- 演奏乐器 yǎn zòu lè qì 옌 쪼우 러 치 图 악기 연주
- 烹饪 pēng rèn 펑 런 图图 요리
- 十字绣 shí zì xiù 스 쯔 씨우 图 십자수
- 看电视 kàn diàn shi 칸 띠엔 스 TV 보기
- 驾车出游 jià chē chū yóu 지아 처 추 요우 드라이버
- 逗鸟 dòu niǎo 또우 냐오 새 기르기
- 麻将 má jiāng 마 지앙 图 마작
- 划拳 huà quán 화 치엔 가위, 바위, 보 놀이를 하면서 벌주 마시는 놀이

옛날 건축물

스포츠

A 무슨 스포츠를 좋아하세요?

你喜欢什么运动?

nǐ xǐ huān shén me yùn dòng?

니 씨 환 선 머 윈 똥?

B 저는 축구와 탁구를 좋아합니다. 당신도 좋아합니까?

我喜欢足球和乒乓球. 你也喜欢吗?

wǒ xǐ huān zú qiú hé pīng pāng qiú. nǐ yě xǐ huān ma?

워 씨 환 쭈 치우 허 핑 팡 치우. 니 예 씨 환 마?

A 좋아합니다. 저는 어떤 스포츠라도 다 좋아합니다.

喜欢. 无论什么种类的运动, 我都喜欢.

xǐ huān. wú lùn shén me zhǒng lèi de yùn dòng, wǒ dōu
xǐ huān.

씨 환. 우 룬 선 머 종 레이 더 윈 똥, 워 떠우 씨 환.

B 그럼 어떤 운동이든 다 잘 하겠네요?

那你什么样的运动都能做吗?

nà nǐ shén me yàng de yùn dòng dōu néng zuò ma?

나 니 선 머 양 더 윈 똥 또우 넝 쭤 마?

A 그렇진 않아요. 비록 스포츠를 좋아해도 관전하는
것을 더 좋아합니다.

不是. 虽然我喜欢运动，但是更喜欢
观看比赛.

bú shì. suī rán wǒ xǐ huān yùn dòng, dàn shì gèng xǐ huān
guān kàn bǐ sài.

부 스. 쑤이 란 워 씨 환 윈 똥, 단 스 껑 씨 환 꽌 칸 삐 싸이.

B 그렇군요. 오늘 한중 친선 축구경기가 있는데, 함께
보러 갑시다.

是吗. 今天有韩中友谊足球比赛，一
起看一看吧.

shì ma. jīn tiān yǒu hán zhōng yǒu yì zú qiú bǐ sài, yī
qǐ kàn yī kàn ba.

스 마. 진 티엔 요우 한 중 요우 이 쭈 치우 삐 싸이, 이 치
칸 이 칸 빠.

A 좋습니다. 서로 열심히 응원합시다!

好的. 互相热心支持吧!

hǎo de. hù xiàng rè xīn zhī chí ba!

하오 더. 후 썅 러 씬 즈 츠 빠!

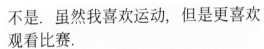

- **运动** yùn dòng 윈 똥 명동 운동, 운동하다
- **足球** zú qiú 쭈 치우 명 축구

- **乒乓球** pīng pāng 핑 팡 치우 명 탁구
- **无论** wú lùn 우 룬 접 ~에도 불구하고, ~에도 관계없이
- **虽然** suī rán 수이 란 접 비록 ~일지라도
- **但是** dàn shì 딴 스 접 그러나, 그렇지만
- **更** gēng 껑 부 더욱, 다시
- **观看** guān kàn 관 칸 동 관람하다
- **比赛** bǐ sài 삐 사이 동명 경기하다, 시합
- **友谊** yǒu yì 요우 이 명 우정, 친선
- **看一看** kàn yī kàn 칸 이 칸 좀 보다
- **互相** hù xiàng 후 씨앙 부 서로, 상호
- **热心** rè xīn 러 씬 형 열심히
- **支持** zhī chí 즈 츠 동 지지하다, 응원하다

스포츠

- **运动** yùn dòng 윈 똥 명 운동
- **潜水** qián shuǐ 치엔 수이 명 스쿠버다이빙
- **棒球** bàng qiú 빵 치우 명 야구
- **篮球** lán qiú 란 치우 명 농구
- **排球** pái qiú 파이 치이 명 배구
- **赛马** sài mǎ 싸이 마 명 경마

- 保龄球 bǎo líng qiú 빠오 링 치우 🅜 볼링

- 拳击 quán jī 치엔 지 🅜 권투

- 台球 tái qiú 타이 치우 🅜 당구

- 羽毛球 yǔ máo qiú 위 마오 치우 🅜 배드민턴

- 冰球 bīng qiú 삥 치우 🅜 아이스하키

- 手球 shǒu qiú 소우 치우 🅜 핸드볼

- 乒乓球 pīng pāng qiú 삥 팡 치우 🅜 탁구

- 直排轮滑 zhí pái lún huá 즈 파이 룬 화 🅜 인라인

- 滑翔跳伞 huá xiáng tiào sǎn 화 쌍 탸오 싼 🅜 패러글라이딩

- 冲浪 chōng làng 충 랑 🅜 윈드서핑

- 水上秋千 shuǐ shàng qiū qiān 수이 상 치우 치엔
  🅜 수상 그네

- 蹦极 bèng jí 삥 지 🅜 번지점프

- 高尔夫 gāo ěr fū 까오 얼 푸 🅜 골프

- 网球 wǎng qiú 망 치우 🅜 테니스

- 滑雪 huá xuě 화 쉬에 🅜 스키

- 骑马 qí mǎ 치 마 🅜 기마

- 武术 wǔ shù 우 수 🅜 무술

- 滑降 huá jiàng 화 지앙 🅜 활강

- 游泳 yóu yǒng 요우 용 🅜 수영

- 登山 dēng shān 덩 산 🅜 등산

- 划艇 huà tǐng 화 팅 🅜 보트

- 跆拳道 tái quán dào 타이 취엔 따오 명 태권도
- 格斗 gé dòu 꺼 또우 명 격투
- 剑道 jiàn dào 지엔 따오 명 검도
- 泰拳 tài quán 타이 취엔 명 무예타이
- 橄榄球 gǎn lǎn qiú 간 란 치우 명 럭비
- 壁球 bì qiú 삐 치우 명 스쿼시
- 摔跤 shuāi jiāo 솨이 쟈오 명 씨름
- 赛车 sài chē 싸이 처 명 카레이싱
- 太极拳 tài jí quán 타이 지 취엔 명 태극권

밤에 공원에 모여 흥겹게 춤을 추는 사람들

中國語

03 출입국 수속

■ 탑승 수속

A 여기에서 북경행 탑승 수속을 합니까?

这里办去北京的登机手续吗?

zhè lǐ bàn qù běi jīng de dēng jī shǒu xù ma?

저 리 빤 취 베이 징 더 떵 지 서우 쒸 마?

B 맞습니다. 여권과 비행기 표를 보여주세요.

是的. 给我看一下您的护照和机票.

shì de, gěi wǒ kàn yī xià nín de hù zhào hé jī piào.

스 더. 게이 워 칸 이 쌰 닌 더 후 쟈오 허 지 퍄오.

A 여기 있습니다.

给您.

gěi nín.

게이 닌.

B 짐을 부치실 것이 있나요? 만약 부치실 거면, 짐을
여기에 올려놓으세요.

**你要托运行李吗? 如果需要, 请把行
李放在这上面.**

nǐ yào tuō yùn xíng lǐ ma? rú guǒ xū yào, qǐng bǎ xíng
lǐ fàng zài zhè shàng miàn.

니 야오 퉈 윈 씽 리 마? 루 꿔 쒸 야오, 칭 빠 씽 리 팡 짜이
저 상 미엔.

A 부칠 짐이 많은데, 어떻게 하면 되나요?

行李很多，怎么办?

xíng lǐ hěn duō, zěn me bàn?

씽 리 헌 뛰, 쩐 머 빤?

B 20킬로그램이 넘으면, 초과요금을 내셔야 합니다.

如果超过二十公斤，请交了超重费.

rú guǒ chāo guò èr shí gōng jīn, qǐng jiāo le chāo zhòng fèi.

루 꿔 차오 꿔 얼 스 꽁 진, 칭 쟈오 러 챠오 중 페이.

A 알겠습니다. 그러면 초과되는 짐은 들고 가겠습니다.

知道了. 这样的话，超过的行李随身带着.

zhī dào le. zhè yàng de huà, chāo guò de xíng lǐ suí shēn dài zhe.

즈 따오 러. 저 양 더 화, 차오 꿔 더 씽 리 쑤이 선 따이 저.

B 기내에는 손가방 하나만 가지고 들어갈 수 있습니다.

兄能拿一个手提包登机.

zhī néng ná yī gè shǒu tí bāo dēng jī.

즈 넝 나 이 꺼 서우 티 빠오 떵 지.

A 그러면 초과되는 중량은 돈을 지불하겠습니다.

那么超过的重量，给你钱的.

nà me chāo guò de zhòng liàng, gěi nǐ qián de.

나 머 차오 꿔 더 중 량, 께이 니 치엔 더.

B   어떤 좌석을 원하십니까?

请问, 你要哪个位置的座位?

qǐng wèn, nǐ yào nǎ ge wèi zhì de zuò wèi?

칭 원, 니 야오 나 거 웨이 즈 더 쭤 웨이?

A   창문 쪽 좌석으로 주세요.

我要靠窗的座位.

wǒ yào kào chuāng de zuò wèi.

워 야오 카오 창 더 쭤 웨이.

새로운 단어

- **这里** zhè lǐ 저 리 대 여기, 이곳
- **办** bàn 빤 동 일을 하다, 처리하다
- **登机** dēng jī 떵 지 동 탑승하다
- **手续** shǒu xù 서우 쉬 명 수속, 절차
- **是的** shì de 스 더 조 ~와 같다, 맞다
- **给** gěi 게이 동 주다
- **看** kàn 칸 동 보다
- **一下** yī xià 이 샤 명부 잠시, 한 번
- **护照** hù zhào 후 자오 명 여권
- **机票** jī piào 지 퍄오 명 비행기 표
- **要** yào 야오 동 구하다, 필요하다

- **托运** tuō yùn 퉈 윈 ⑧ 운송을 위탁하다
- **行李** xíng lǐ 씽 리 ⑲ 여행짐
- **如果** rú guǒ 루 꿔 ⑳ 만일, 만약
- **需要** xū yào 쒸 야오 ⑧ 요구하다, 필요하다
- **超过** chāo guò 차오 꿔 ⑧ 초과하다
- **公斤** gōng jīn 꽁 진 킬로그램(kg)
- **交** jiāo 쟈오 ⑧ 넘기다, 주다
- **超重费** chāo zhòng fèi 차오 중 페이 초과 비용
- **知道** zhī dào 즈 따오 ⑧ 알다, 이해하다
- **这样** zhè yàng 저 양 ㉑ 이와 같다, 이래서
- **随身** suí shēn 수이 선 ⑧ 휴대하다
- **带** dài 따이 ⑲⑧ 띠, 지니다
- **只** zhǐ 즈 ㉒ 단지, 다만
- **拿** ná 나 ⑧ 잡다, 가지다
- **手提包** shǒu tí bāo 서우 티 빠오 ⑲ 핸드백, 손가방
- **重量** zhòng liàng 중 량 ⑲ 중량
- **钱** qián 치엔 ⑲ 돈
- **位置** wèi zhì 웨이 즈 ⑲ 위치
- **座位** zuò wèi 쮜 웨이 ⑲ 좌석
- **靠** kào 카오 ⑧ 기대다, 가깝다
- **窗** chuāng 촹 ⑲ 창

- **国际线咨询台** guó jì xiàn zī xún tái 꿔 지 씨엔 즈 쉰 타이
  국제선 데스크

- **国内线登机口** guó nèi xiàn dēng jī kǒu 꿔 네이 씨엔 떵 지
  코우 국내선 탑승구

- **国际线登机口** guó jì xiàn dēng jī kǒu 꿔 지 씨엔 떵 지 코우
  국제선 탑승구

- **候机处** hòu jī chù 허우 지 추 탑승 대기소

▌ 보안 검사

A 이쪽으로 오셔서 팔을 벌려주십시오

这边来, 请伸开胳膊.

zhè biān lái, qǐng shēn kāi gē bó.
저 삐엔 라이, 칭 선 카이 거 뽀.

B 알겠습니다.

知道了.

zhī dào le.
즈 따오 러.

A 열쇠와 시계 등 귀금속은 여기에 놓아주세요

请把钥匙和表等, 贵金属放在这里.

qǐng bǎ yào shi hé biǎo děng, guì jīn shǔ fàng zài zhè lǐ.
칭 빠 야오 스 허 뺘오 떵, 꾸이 진 수 팡 짜이 저 리.

B　좋습니다. 문제가 없지요?

好的. 有没有问题?

hǎo de. yǒu méi yǒu wèn tí?

하오 더. 요우 메이 요우 원 티?

A　휴대가방 속에 금지 품목이 있습니까?

手提包里有违禁物品吗?

shǒu tí bāo lǐ yǒu wéi jìn wù pǐn ma?

서우 티 빠오 리 요우 웨이 진 우 핀 마?

B　라이터와 스위스 칼이 있는데, 휴대하면 안 됩니까?

有打火机和瑞士刀, 不能带走吗?

yǒu dǎ huǒ jī hé ruì shì dāo, bú néng dài zǒu ma?

요우 따 훠 지 허 뤄 스 따오, 부 너 따이 쩌우 마?

A　안 됩니다. 그 물건은 모두 압수하도록 하겠습니다.

不行. 我们要把这些东西暂时扣下.

bú xíng. wǒ men yào bǎ zhè xiē dōng xī zàn shí kòu xià.

부 씽. 워 먼 야오 빠 저 씨에 똥 씨 짠 스 코우 씨아.

B　죄송합니다, 미처 몰랐습니다.

对不起, 预先不知道.

duì bú qǐ, yù xiān bú zhī dào.

뚜이 부 치, 위 씨엔 부 즈 따오.

A 휴대 가방은 X-RAY 검사대 위에 놓아주십시오.

请把包放在X光检查台下.

qǐng bǎ bāo fàng zài X guāng jiǎn chá tái xià.

칭 빠 빠오 팡 짜이 X 꽝 지엔 차 타이 씨아.

B 알겠습니다. 이젠 문제가 없지요?

知道了. 现在没有问题?

zhī dào le. xiàn zài méi yǒu wèn tí?

즈 따오 러. 씨엔 짜이 메이 요우 원 티?

새로운 단어

- **这边** zhè biān 저 삐엔 〔대〕 이쪽, 여기

- **来** lái 라이 〔동〕 오다

- **伸开** shēn kāi 선 카이 〔동〕 펴다, 벌리다

- **胳膊** gē bó 거 뽀 〔명〕 팔

- **钥匙** yào shi 야오 스 〔명〕 열쇠

- **表** biǎo 빠오 〔명〕 시계

- **贵金属** guì jīn shǔ 꾸이 진 수 〔명〕 귀금속

- **好的** hǎo de 하오 더 좋다

- **问题** wèn tí 원 티 〔명〕 문제

- **违禁** wéi jìn 웨이 진 〔동〕 위반하다, 어기다

- **物品** wù pǐn 우 핀 〔명〕 물품

- 打火机 dǎ huǒ jī 따 훠 지 명 라이터

- 瑞士刀 ruì shì dāo 뤄 스 따오 명 스위스 칼

- 带走 dài zǒu 따이 쩌우 동 가지고 가다

- 不行 bú xíng 부 씽 형 안 된다

- 这些 zhè xiē 저 씨에 대 이런 것들, 이러한

- 东西 dōng xī 똥 씨 명 물건

- 暂时 zàn shí 잔 스 명 잠시, 잠깐

- 扣下 kòu xià 코우 씨아 동 압수하다, 차압하다

- 对不起 duì bú qǐ 뚜이 부 치 미안합니다

- 预先 yù xiān 위 씨엔 부 미리, 먼저

- X光检查台 X guāng jiǎn chá tái X 꽝 지엔 차 타이
    명 X-RAY 검사대

공항 안내판

■ 입국 수속

A   여권과 입국 카드를 보여주실까요?

请出示您的护照和入境卡?

qǐng chū shì nín de hù zhào hé rù jìng kǎ?

칭 추 스 닌 더 후 자오 허 루 징 카?

B   좋습니다, 보십시오

可以, 请看吧.

kě yǐ, qǐng kàn ba.

커 이, 칭 칸 빠.

A   입국 목적은 무엇입니까?

入境目的是什么?

rù jìng mù dí shì shén me?

루 징 무 띠 스 선 머?

B   저는 여행 / 출장 / 유학 왔습니다.

我是来旅游 / 出差 / 留学.

wǒ shì lái lǚ yóu / chū chāi / liú xué.

워 스 라이 뤼 요우 / 추 차이 / 리우 쉬에.

A   체류 기간은 얼마 예정입니까?

您打算待多久?

nín dǎ suàn dài duō jiǔ?

니 따 쏸 따이 뛰 지우?

B 약 1개월입니다.

大略一个月.

dà luè yī gè yuè.

따 뤼에 이 꺼 위에.

A 어디에 머무실 겁니까?

您要住哪儿?

nín yào zhù nǎ ér?

닌 야오 주 나 얼?

B 북경호텔 / 북경대학입니다.

是北京饭店 / 北京大学.

shì běi jīng fàn diàn / běi jīng dà xué.

스 베이 징 판 띠엔 / 베이 징 따 쉬에.

새로운 단어

- **出示** chū shì 추 스 동 제시하다, 보이다
- **入境卡** rù jìng kǎ 루 징 카 명 입국 카드
- **可以** kě yǐ 커 이 동 할 수 있다, 좋다
- **入境** rù jìng 루 징 동 입국하다
- **目的** mù dí 무 띠 명 목적
- **旅游** lǚ yóu 뤼 여우 명동 여행, 관광하다
- **出差** chū chāi 추 차이 동 출장가다

- **留学** liú xué 리우 쒸에 명동 유학, 유학하다

- **打算** dǎ suàn 따 쏸 동 계획하다

- **待** dài 따이 동 머물다, 체류하다

- **多久** duō jiǔ 뭐 지우 대부 얼마나, 오래

- **大略** dà luè 따 뤼에 명부 대략, 약

- **住** zhù 주 동 거주하다, 살다

- **哪儿** nǎ ér 나 얼 대 어디, 어느 곳

- **北京饭店** běi jīng fàn diàn 베이 징 판 띠엔 명 북경호텔

- **北京大学** běi jīng dà xué 베이 징 따 쒸에 명 북경대학

관련 단어

- **入境检查** rù jìng jiǎn chá 루 징 지엔 차 입국검사

- **签证** qiān zhèng 치엔 정 명동 비자, 입국허가하다

- **韩国人** hán guó rén 한 꿔 런 명 한국인

- **外国人** wài guó rén 와이 꿔 런 명 외국인

수하물 수취

A   말씀 좀 여쭙겠습니다, 어디서 수하물을 찾습니까?

请问, 在哪儿拿行李?

qǐng wèn, zài nǎ ér ná xíng lǐ?

칭 원, 짜이 나 얼 나 씽 리?

B   저쪽 3호 수하물 수취대입니다.

这边三号行李领取台.

zhè biān sān hào xíng lǐ lǐng qǔ tái.

저 삐엔 싼 하오 씽 리 링 취 타이.

A   가방을 찾을 수가 없어요.

我找不到行李.

wǒ zhǎo bú dào xíng lǐ.

워 자오 부 따오 씽 리.

B   어떤 가방입니까?

是什么样的行李?

shì shén me yàng de lǐ?

스 선 머 양 더 씽 리?

A   검정색 보통 여행 가방입니다.

是一个很一般的黑色提包.

shì yī gè hěn yī bān de hēi sè tí bāo.

스 이 꺼 헌 이 빤 더 헤이 써 티 빠오.

B   좀 더 기다려주세요. 곧 나오겠죠!

请你稍等. 马上出来!

qǐng nǐ shāo děng. mǎ shàng chū lái!

칭 니 사오 덩. 마 상 추 라이!

A   아! 저기 나오네요. 저게 바로 우리 가방입니다.

啊! 这边出来. 这是我们的包.

ā! zhè biān chū lái. zhè shì wǒ men de bāo.

아! 저 삐엔 추 라이. 저 스 워 먼 더 빠오.

새로운 단어

- **领取台** lǐng qǔ tái 링 취 타이 〔명〕 수취대
- **找不到** zhǎo bú dào 자오 부 따오 〔동〕 찾을 수 없다
- **什么样** shén me yàng 선 머 양 〔대〕 어떠한
- **提包** tí bāo 티 빠오 〔명〕 손가방, 핸드백
- **稍等** shāo děng 사오 덩 잠시 기다리다
- **马上** mǎ shàng 마상 〔명〕〔부〕 곧, 바로
- **出来** chū lái 추 라이 〔동〕 나오다, 출현하다

수하물 분실

A 제 짐을 찾지 못했습니다. 지금 당신이 좀 찾아봐 주시겠어요?

我找不到我的行李了. 请你帮我查找一下?

wǒ zhǎo bú dào wǒ de xíng lǐ le. qǐng nǐ bāng wǒ chá zhǎo yī xià?

워 자오 부 따오 워 더 씽 리 러. 칭 니 빵 워 차 자오 이 씨아?

B 수하물 표를 볼 수 있을까요? 짐의 특징과 잃어버린 짐이 몇 개나 되죠?

让我看一看你的行李票吗? 请讲一下行李的特徵和找不到的行李有几件?

ràng wǒ kàn yī kàn nǐ de xíng lǐ piào ma? qǐng jiǎng yī xià xíng lǐ de tè zhēng hé zhǎo bú dào de xíng lǐ yǒu jǐ jiàn?

랑 워 칸 이 칸 니더 씽 리 퍄오 마? 칭 지앙 이 씨아 씽 리 더 터 정 허 자오 부 따오 더 씽 리 요우 지 지엔?

A 네. 인천에서 온 KE935 항공편이에요. 잃어버린 가방은 1개이고 붉은색 여행 가방입니다.

可以. 是从仁川来的KE935次航班. 找不到的行李就是一个, 是红色的小旅行提包.

kě yǐ. shì cóng rén chuān lái de KE jiǔ sān wǔ cì háng bān. zhǎo bú dào de xíng lǐ jiù shì yī gè, shì hóng sè de xiǎo lǚ xíng tí bāo.

커 이. 스 총 런 챤 라이 더 KE 지우 싼 우 츠 항 빤. 자오 부 따오 더 씽 리 지우 스 이 꺼. 스 홍 써 더 쌰오 뤼 씽 티 빠오.

B 조금 기다리세요… 그 비행기의 수하물은 이미 다 나간 것 같습니다.

请稍等… 好像那架飞机上的行李都已经取好了.

qǐng shāo děng… hǎo xiàng nà jià fēi jī shàng de xíng lǐ dōu yǐ jīng qǔ hǎo le.

칭 사오 덩… 하오 씨앙 나 지아 페이 지 상 더 씽 리 떠우 이 징 취 하오 러.

A 그러면 어떻게 해야 합니까?

那么, 我应该怎么办?

nà me, wǒ yīng gāi zěn me bàn?

나 머, 워 잉 까이 전 머 빤?

B 너무 조급해하지 마세요, 일단 분실 수하물 카운터에 가서 신고를 하십시오.

别着急, 你先去行李遗失柜台申报一下吧.

bié zhuó jí, nǐ xiān qù xíng lǐ yí shī guì tái shēn bào yī xià ba.

삐에 자오 지, 니 씨엔 취 씽 리 이 스 꾸이 타이 선 빠오 이 씨아 빠.

C   먼저 잃어버린 당신의 수하물 색깔과 모양을 말씀해 주세요.

先告诉我遗失的行李的颜色和式样.

xiān gào sù wǒ yí shī de xíng lǐ de yán sè hé shì yàng .

씨엔 까오 쑤 워 이 스 더 씽 리 더 이엔 써 허 스 양.

A   모양은 작은 크기의 붉은색 트렁크입니다.

式样是小的红色硬皮箱.

shì yàng shì xiǎo de hóng sè yìng pí xiāng .

스 양 스 쌰오 더 홍 써 잉 피 씨앙.

C   알겠습니다. 가방을 발견하면 바로 전화 연락드리겠습니다.

知道了. 我们找到了你的行李 就会马上跟你打个电话联系的.

zhī dào le. wǒ men zhǎo dào le nǐ de xíng lǐ jiù huì mǎ shàng gēn nǐ dǎ gè diàn huà lián xì de .

즈 따오 러. 워 먼 자오 따오 러 니 더 씽 리 지우 후이 마 상 껀 니 따 꺼 띠엔 화 리엔 씨 더.

새로운 단어

- **帮** bāng 빵 图 돕다

- **查找** chá zhǎo 차 자오 图 찾다, 조사하다

- **行李票** xíng lǐ piào 씽 리 퍄오 图 수하물 표

- 讲 jiǎng 지앙 图 말하다
- 特徵 tè zhēng 터 정 图图 특징
- 几 jǐ 지 윤 몇
- 航班 háng bān 항 빤 图 비행편, 운행편
- 好像 hǎo xiàng 하오 씨앙 图图 마치 ~와 같다, 예컨대
- 已经 yǐ jīng 이 징 图 이미
- 取 qǔ 취 图 가지다
- 应该 yīng gāi 잉 까이 图 마땅하다, 당연하다
- 怎么 zěn me 전 머 图 어떻게, 왜
- 别着急 bié zhuó jí 삐에 자오 지 걱정하지 마라
- 遗失 yí shī 이 스 图 유실하다, 잃어버리다
- 柜台 guì tái 꾸이 타이 图 계산대, 카운터
- 申报 shēn bào 선 빠오 图 신고하다
- 颜色 yán sè 이엔 써 图 색, 얼굴빛
- 式样 shì yàng 스 양 图 모양, 스타일
- 硬皮箱 yìng pí xiāng 잉 피 씨앙 图 트렁크
- 电话 diàn huà 띠엔 화 图 전화
- 联系 lián xì 리엔 씨 图图 연락, 연락하다

■ 세관 통과

A 신고하실 물건이 있으십니까?

有没有要申报的东西?

yǒu méi yǒu yào shēn bào de dōng xī?

요우 메이 요우 야오 선 빠오 더 똥 씨?

B 없습니다. / 있습니다.

没有. / 有的.

méi yǒu. / yǒu de.

메이 요우. / 요우 더.

A 가방에는 무엇이 들어 있습니까?

行李里面有什么东西?

xíng lǐ lǐ miàn yǒu shén me dōng xī?

씽 리 리 미엔 요우 선 머 똥 씨?

B 약간의 선물과 기념품이 있습니다.

有一些礼物和纪念品.

yǒu yī xiē lǐ wù hé jì niàn pǐn.

요우 이 씨에 리 우 허 지 니엔 핀.

A 실례지만, 열어서 보여주십시오

麻烦你, 请您打开看一看.

má fán nǐ, qǐng nín dǎ kāi kàn yī kàn.

마 판 니, 칭 닌 따 까이 칸 이 칸.

B 무슨 문제가 생겼습니까?

有什么问题吗?

yǒu shén me wèn tí ma?

요우 선 머 원 티 마?

A 검사기에 이상 반응이 나와서 그렇습니다. 이 병에 들어 있는 것은 무엇인지요?

检验机里有了异常反映. 这个瓶子里装的是什么?

jiǎn yàn jī lǐ yǒu le yì cháng fǎn yìng. zhè gè píng zǐ lǐ zhuāng de shì shén me?

지엔 앤 지 리 요우 러 이 창 판 잉. 저 꺼 핑 쯔 리 촹 더 스 선 머?

B 약입니다. 일반적인 소화제와 감기약입니다.

是药. 就是一般的消化剂和感冒药.

shì yào. jiù shì yī bān de xiāo huà jì hé gǎn mào yào.

스 야오. 지우 스 이 빤 더 쌰오 화 지 허 깐 마오 야오.

A 네. 나가셔도 됩니다.

好. 可以走吧.

hǎo. kě yǐ zǒu ba.

하오. 커 이 쩌우 빠.

- **里面** lǐ miàn 리 미엔 ⑲ 안
- **一些** yī xiē 이 씨에 얼마간, 약간, 여러 번
- **礼物** lǐ wù 이우 ⑲ 선물, 예물
- **纪念品** jì niàn pǐn 지 니엔 핀 ⑲ 기념품
- **麻烦** má fán 마 판 ⑱⑲ 귀찮다, 번거롭게 하다
- **打开** dǎ kāi 타 카이 ⑲ 열다, 펼치다
- **检验机** jiǎn yàn jī 지엔 앤 지 ⑲ 검사기
- **异常** yì cháng 이 창 ⑱⑲ 이상하다, 대단히
- **反映** fǎn yìng 판 잉 ⑲⑲ 반영하다
- **瓶子** píng zǐ 핑 쯔 ⑲ 병
- **装** zhuāng 촹 ⑲⑲ 담다
- **药** yào 야오 ⑲ 약
- **消化剂** xiāo huà jì 쌰오 화 지 ⑲ 소화제
- **感冒** gǎn mào 간 마오 ⑲ 감기
- **走** zǒu 쩌우 ⑲ 가다, 걷다

■ 공항에서 호텔로 이동

A 북경호텔까지 어떻게 가면 됩니까?

到北京饭店怎么走?

dào běi jīng fàn diàn zěn me zǒu?

따오 베이 징 판 띠엔 쩐 머 쩌우?

B 공항 리무진이나 택시를 타면 됩니다.

坐民航班车 或者坐出租车.

zuò mín háng bān che huò zhě zuò chū zū chē.

쭤 민 항 빤 처 훠 저 쭤 추 쭈 처.

A 공항 리무진 표는 어디서 살 수 있습니까?

民航班车的票 在哪儿买的?

mín háng bān che de piào zài nǎ ér mǎi de?

민 항 빤 처 더 퍄오, 짜이 나 얼 마이 더?

B 저쪽에서 판매합니다.

这边卖的.

zhè biān mài de.

저 삐엔 마이 더.

A 북경반점까지 얼마입니까? 또 몇 시에 출발합니까?

到北京饭店 多少钱? 又几点开车?

dào běi jīng fàn diàn duō shǎo qián? yòu jǐ diǎn kāi chē?

다오 베이 징 판 띠엔 뚸 사오 치엔? 요우 지 띠엔 카이 처?

B 30원이고, 20분마다 출발합니다.

三十块, 每二十分钟出发.

sān shí kuài, měi èr shí fēn zhōng chū fā.

싼 스 콰이, 메이 얼 스 펀 중 추 파.

A 어느 승강장에서 타야 합니까?

在哪一个站台上车?

zài nǎ yī gè zhàn tái shàng chē?

짜이 나 이 꺼 잔 타이 상 처?

B 3번 승강장입니다.

三号站台.

sān hào zhàn tái.

싼 하오 잔 타이.

새로운 단어

- **到** dào 따오 [동] 도착하다, 까지

- **坐** zuò 쭤 [동] 앉다, 타다

- **民航班车** mín háng bān che 민 항 빤 처 [명] 공항 리무진 버스

- **或者** huò zhě 훠 저 [부][접] 아마, 혹시, 혹은

- **出租车** chū zū chē 추 쭈 처 [명] 택시

- **票** piào 퍄오 [명] 표

- 买 mǎi 마이　동　사다
- 卖 mài 마이　동　팔다
- 多少 duō shǎo 뚸 샤오　명대　분량, 얼마
- 开车 kāi chē 카이 처　동　차를 몰다, 발차하다
- 出发 chū fā 추 파　동명　출발하다
- 站台 zhàn tái 잔 타이　명　플랫폼, 승차장
- 上车 shàng chē 상 처　차를 타다

관광안내소

中國語

04

숙박

■ 호텔 예약

A 안녕하세요! 방을 예약하고 싶습니다.

你好! 我想订房间.

nǐ hǎo! wǒ xiǎng dìng fáng jiān.

니 하오! 워 씨앙 띵 팡 지엔.

B 당신께선 며칠 묵으실 예정입니까?

您打算住几天?

nín dǎ suàn zhù jǐ tiān?

닌 따 쏸 주 지 티엔?

A 이틀입니다.

两天.

liǎng tiān.

량 티엔.

B 싱글 룸을 원하세요 아니면 트윈 룸을 원하세요?

您要单人间还是双人间?

nín yào dān rén jiān hái shì shuāng rén jiān?

닌 야오 딴 런 지엔 하이 스 쐉 런 지엔?

A 트윈 룸으로 예약하고 싶습니다. 하루에 얼마입니까?

我想订一个双人间. 一天多少钱?

wǒ xiǎng dìng yī gè shuāng rén jiān. yī tiān duō shǎo qián?

워 씨앙 띵 이 거 쐉 런 지엔. 이 티엔 뚸 사오 치엔?

B   500원이고, 조식이 포함되어 있습니다.

五百元. 包括早餐.

wǔ bǎi yuán. bāo kuò zǎo cān.

우 빠이 위엔. 빠오 쿼 짜오 찬.

A   그럼 그것으로 예약하겠습니다.

那就订它吧.

nà jiù dìng tā ba.

나 지우 띵 타 빠.

새로운 단어

- **想** xiǎng 쌍 [동] 생각하다, 바라다

- **订** dìng 띵 [동] 정하다, 예약하다

- **房间** fáng jiān 팡 지엔 [명] 방

- **几天** jǐ tiān 지 티엔 [명] 며칠

- **单人间** dān rén jiān 딴 런 지엔 [명] 싱글 룸

- **双人间** shuāng rén jiān 솽 런 지엔 [명] 트윈 룸

- **一天** yī tiān 이 티엔 [명] 하루

- **包括** bāo kuò 빠오 쿼 [동] 포괄하다, 포함하다

- **早餐** zǎo cān 자오 찬 [명] 아침 식사, 조반

- **它** tā 타 [대] 그, 저, 그것

▌체크인

A   환영합니다!

欢迎光临!

huān yíng guāng lín!

환 잉 꽝 린!

B   안녕하세요! 김영웅이라는 이름으로 방 하나를 예약했는데요.

你好! 我以金英雄的名义订了一个房间.

nǐ hǎo! wǒ yǐ jīn yīng xióng de míng yì dìng le yī gè fáng jiān.

니 하오! 워 이 진 잉 쑝 더 밍 이 띵 러 이 거 팡 지엔.

A   잠시만요, 2일간 트윈 룸 예약하셨네요 맞으시죠?

请稍等, 您订的是住两天的双人间. 对吧?

qǐng shāo děng, nín dìng de shì zhù liǎng tiān de shuāng rén jiān. duì ba?

칭 사오 떵, 닌 띵 더 스 주 량 티엔 더 쑹 런 지엔. 뚜이 빠?

B   맞습니다.

对了.

duì le.

뚜이 러.

A   이 카드를 기입하신 후에 서명해 주시겠습니까?

请填完这张表后 签上您的名字好吗?

qǐng tián wán zhè zhāng biǎo hòu qiān shàng nín de míng
zì hào ma?

칭 티에 완 저 장 뺘오 허우 치엔 상 닌 더 밍 쯔 하오 마?

B   좋습니다. 우리가 묵을 방은 몇 호실입니까?

好的. 我们要住的房间是几号?

hǎo de. wǒ men yào zhù de fáng jiān shì jǐ hào?

하오 더. 워 먼 야오 주 더 팡 지엔 스 지 하오?

A   707호입니다. 두 분 편히 쉬세요!

是七零七号房间. 两位好好儿休息吧!

shì qī líng qī hào fáng jiān. liǎng wèi hǎo hǎo ér xiū xī ba!

스 치 링 치 하오 팡 지엔. 량 웨이 하오 하오 얼 씨우 씨 빠!

B   감사합니다.

谢谢.

xiè xiè.

씨에 씨에.

- **名义** míng yì 밍 이 명 명의

- **填** tián 티엔 동 메우다, 보충하다

- **完** wán 완 형동 완전하다, 다하다

- **表** biǎo 빠오 명 표, 카드

- **签** qiān 치엔 동 서명하다, 사인하다

- **名字** míng zì 밍 쯔 명 이름과 자

- **好好儿** hǎo hǎo ér 하오 하오 얼 형부 좋다, 잘

- **休息** xiū xī 씨우 씨 명동 휴식하다, 휴양

전화 서비스

A 안녕하세요, 교환실입니다. 무엇을 도와드릴까요?

你好，这里是总台。有什么需要吗?

nǐ hǎo, zhè lǐ shì zǒng tái. yǒu shén me xū yào ma?

니 하오, 저 리 스 쫑 타이. 요우 선 머 쒸 야오 마?

B 컬렉트콜로 한국 서울에 전화를 걸고 싶은데요.

想用对方付费的方式往韩国首尔打电话.

xiǎng yòng duì fāng fù fèi de fāng shì wǎng hán guó shǒu ěr dǎ diàn huà.

씨앙 융 뚜이 팡 푸 페이 더 팡 스 왕 한 구오 서우 얼 따 띠엔 화.

A 상대방의 전화번호와 성함을 알려주세요.

请告诉我对方的姓名和电话号吗.

qǐng gào sù wǒ duì fāng de xìng míng hé diàn huà hào ma.

칭 까오 쑤 워 뚜이 팡 더 씽 밍 허 띠엔 화 하오 마.

B 서울의 468-2057이고, 김 선생님입니다. 또 다른 곳에 직접 전화를 하려면 어떻게 합니까?

首尔的468-2057, 金先生. 而且其他 的地方打电话怎么办?

shǒu ěr de sì liù bā-èr líng wǔ qī, jīn xiān shēng. ér qiě qí tā de dì fāng dǎ diàn huà zěn me bàn?

서우 얼 더 쓰 리우 빠-얼 링 우 치, 진 씨엔 성. 얼 치에 치 타 더 띠 팡 따 띠엔 화 쩐 머 빤?

A 외부에 전화를 하고 싶으면, 먼저 0을 누르세요.

要打外线电话, 请拨'零'.

yào dǎ wài xiàn diàn huà, qǐng bō 'líng'.

야오 따 와이 씨엔 띠엔 화, 칭 뽀 '링'.

B 모닝콜 좀 해주실 수 있나요?

我要一个叫醒电话?

wǒ yào yī gè jiào xǐng diàn huà?

워 야오 이 거 쟈오 씽 띠엔 화.

A 알겠습니다. 언제요?

知道了. 什么时侯?

zhī dào le. shén me shí hóu?
즈 따오 러. 선 머 스 허우?

B   내일 아침 8시에요.

明天早上8点.

míng tiān zǎo shàng bā diǎn.
밍 티에 짜오 상 빠 띠엔.

- **总台** zǒng tái 쫑 타이 閔 교환실
- **对方付费** duì fāng fù fèi 뚜이 팡 푸 페이 閔 상대방 납부,
    컬렉트콜
- **方式** fāng shì 팡 스 閔 방식
- **韩国** hán guó 한 꿔 閔 한국
- **首尔** shǒu ěr 서우 얼 閔 서울
- **打电话** dǎ diàn huà 따 띠엔 화 閔 전화를 걸다
- **告诉** gào sù 까오 쑤 閔 閔 알리다, 고하다
- **外线电话** wài xiàn diàn huà 와이 씨엔 띠엔 화 閔 외선 전화
- **拨** bō 뽀 閔 누르다, 밀어 움직이다
- **叫醒电话** jiào xǐng diàn huà 쟈오 씽 띠엔 화 閔 모닝콜
- **时候** shí hóu 스 허우 閔 시간, 때

중국에서 한국으로 전화 거는 법

일반전화 및 공중전화

국제전화 표시(00)-국가번호(82)-지역번호(0을 뺀 한국의 지역번호, 서울이라면 2)-전화번호. 예컨대 서울(02)의 123-4567이라면 00-82-2-123-4567로 건다. 핸드폰의 경우에도 맨 앞의 0을 빼면 된다. 예컨대 010-1234-5678이라면 00-82-10-1234-5678로 건다. 단 호텔인 경우에는 호텔의 외선 번호를 먼저 누른 뒤에 위 번호를 누른다. 즉 외선번호-00-82-2-123-4567 순서이다.

수신자 부담 서비스

108821(한국통신)

108827(온세통신)

108828(데이콤)

카드 없이 상기 번호를 누르고 한국어 안내 멘트에 따라 0번을 누르면 교환원과 통화할 수 있다. 교환원과 연결된 후에 상대방의 번호를 알려주면 된다. 일반전화나 공중전화에서 사용할 수 있으나 호텔에서 이용할 때에는 역시 외선 번호를 누르고 상기 번호를 누르면 한국 교환원이 받는다.

국제전화카드

가장 저렴하게 한국으로 전화하는 방법으로 중국 가판대나 상점에서 판매하는 국제전화카드(IP Preaid Calling Card)를 구입해서 사용한다. 일반적으로 액면가보다 저렴하게 판매한다. 통화 시간은 카드에 따라 다르지만 보통 30분~40분 정도이다.

먼저 국제전화카드를 구입하여 카드 뒷면에 있는 CARD NO와 PIN NO를 확인한다.

카드 상단에 적힌 전화 거는 절차를 확인한다.

카드의 메인번호 17908을 누른 후에 안내에 따라 원하는 언어를 선택한다.

안내음에 따라 CARD NO와 #을 누르고 다시 안내음이 나오면 PIN NO와 #을 누른다.

다시 안내음이 나오면 00-82-지역번호(맨 앞자리의 0을 뺀다)-전화번호와 #을 누르면 된다.

핸드폰의 경우에도 위 방법은 같고, 맨 앞자리의 0을 빼면 된다.

룸서비스

A 여보세요, 안녕하십니까! 여기는 룸서비스센터입니다.

喂, 你好! 这里是客房服务中心.

wèi, nǐ hǎo! zhè lǐ shì kè fáng fú wù zhōng xīn.

웨이, 니 하오! 저 리 스 커 팡 푸 우 쭝 씬.

B 여기는 123호 방입니다. 식사 주문됩니까?

这是123号房间. 有送餐服务吗?

zhè shì yī èr sān hào fáng jiān. yǒu sòng cān fú wù ma?

저 스 이 얼 싼 하오 팡 지엔. 요우 쑹 찬 푸 우 마?

A 예. 어떤 음식을 원하세요?

是. 你吃什么?

shì. nǐ chī shén me?

스, 니 츠 선 머?

B 오렌지주스, 커피, 베이컨, 계란 그리고 토스트입니다.

橙汁, 咖啡, 培根, 鸡蛋, 还有烤面包.

chéng zhī, kā fēi, péi gēn, jī dàn, hái yǒu kǎo miàn bāo.

청 즈, 카 페이, 페이 껀, 지 딴, 하이 요우 카오 미엔 빠오.

A 계란은 어떻게 해드릴까요?

鸡蛋怎么做?

jī dàn zěn me zuò?

지 딴 쩐 머 쮜?

B 프라이로 해주세요.

煎一下吧.

jiān yī xià ba.

지엔 이 씨아 빠.

A 다른 것 또 필요하십니까?

别的还需要吗?

bié de hái xū yào ma?

삐에 더 하이 쒸 야오 마?

B 없습니다. 감사합니다.

没有. 谢谢.

méi yǒu. xiè xiè.

메이 요우. 씨에 씨에.

새로운 단어

- 客房服务中心 kè fáng fú wù zhōng xīn 커 팡 푸 우 쭝 씬
  图 룸서비스센터
- 送餐 sòng cān 쏭 찬 식사 배달
- 服务 fú wù 푸 우 图 복무하다, 서비스
- 橙汁 chéng zhī 청 즈 图 오렌지주스
- 咖啡 kā fēi 카 페이 图 커피

- **培根** péi gēn 페이 건 `명` 베이컨
- **鸡蛋** jī dàn 지 딴 `명` 계란
- **烤面包** kǎo miàn bāo 카오 미엔 빠오 `명` 토스트
- **煎** jiān 지엔 `동` 지지다, 프라이

▌ 세탁 서비스

A 여기 세탁 서비스 됩니까?

这儿有洗衣服务吗?

zhè ér yǒu xǐ yī fú wù ma?
저 얼 요우 씨 이 푸 우 마?

B 예, 당신은 어떤 옷을 세탁하시겠습니까?

是, 您要洗什么?

shì, nín yào xǐ shén me?
시, 닌 야오 씨 선 머?

A 바지와 와이셔츠를 드라이클리닝 해야 합니다. 또 다림질도 해야 합니다.

裤子和衬衫干洗一下吧. 还有慰一下吧.

kù zǐ hé chèn shān gàn xǐ yī xià ba. hái yǒu wèi yī xià ba.
쿠 쯔 허 천 산, 깐 씨 이 씨아 빠. 하이 요우 웨이 이 씨아 빠.

B 좋습니다, 옷을 방 안에 있는 세탁봉투에 넣으시고 입구에 걸어두세요!

好，请您把衣服放在洗衣袋里．然后挂在门口吧.!

hǎo, qǐng nín bǎ yī fú fàng zài xǐ yī dài lǐ. rán hòu guà zài mén kǒu ba!

하오, 칭 닌 빠 이 푸 팡 짜이 씨 이 따이 리. 란 허우 꽈 짜이 먼 코우 빠!

A 언제 찾을 수 있습니까?

什么时侯可取?

shén me shí hóu kě qǔ?

선 머 스 허우 커 취?

B 내일 아침 9시예요.

明天早上九点.

míng tiān zǎo shàng jiǔ diǎn.

밍 티엔 짜오 상 지우 띠엔.

A 좋습니다, 부탁합니다!

好的，拜托一下!

hǎo de, bài tuō yī xià!

하오 더, 빠이 퉈 이 씨아!

새로운 단어

- **洗衣** xǐ yī 씨 이 [동] 옷을 빨다, 세탁

- **裤子** kù zǐ 쿠 쯔 [명] 바지

- **衬衫** chèn shān 천 산 [명] 와이셔츠

- **干洗** gàn xǐ 간 씨 [명][동] 드라이클리닝

- **慰** wèi 웨이 [동] 위로, 다림질

- **洗衣袋** xǐ yī dài 씨 이 따이 [명] 세탁봉투

- **然后** rán hòu 란 허우 [접] 그런 다음

- **挂** guà 꽈 [동] 걸다

- **门口** mén kǒu 먼 코우 [명] 문 입구

- **取** qǔ 취 [동] 가지다, 찾다

- **拜托** bài tuō 빠이 퉈 [동] 부탁드리다

호텔-미사주점

▌기타 서비스

A 말씀 좀 여쭙겠습니다. 이것을 맡아주실 수 있습니까?

请问, 能把这东西保管一下吧?

qǐng wèn, néng bǎ zhè dōng xī bǎo guǎn yī xià ba?

칭 원, 넝 빠 저 똥 씨 빠오 꽌 이 씨아 빠?

B 좋습니다. 이 보관함 열쇠를 잘 간직하세요.

好的, 这把保管箱的钥匙你一定要收好.

hǎo de, zhè bǎ bǎo guǎn xiāng de yào shí nǐ yī dìng yào shōu hǎo.

하오 더, 저 빠 빠오 꽌 씨앙 더 야오 스 니 이 띵 야오 서우 하오.

A 실례지만 호텔 안에 식당이 있나요?

麻烦你, 在饭店里有餐店?

má fán nǐ, zài fàn diàn lǐ yǒu cān diàn?

마 판 니, 짜이 판 띠엔 리 요우 찬 띠엔?

B 예. 식당은 3층에 있습니다.

是. 餐厅在三楼.

shì. cān tīng zài sān lóu.

스. 찬 팅 짜이 싼 러우.

A 안마소와 가라오케는 몇 층에 있습니까?

按摩所和卡拉OK, 在几楼?

àn mó suǒ hé kǎ lā OK, zài jǐ lóu?
안 모 쒀 허 카 라 OK, 짜이 지 러우?

B   안마소는 4층에 있고, 가라오케는 7층에 있습니다.

按摩所在4楼, 卡拉OK 在7楼.

àn mó suǒ zài sì lóu, kǎ lā, OK zài qī lóu.
안 모 쒀 짜이 쓰 러우, 카 라 OK 짜이 치 러우.

새로운 단어

- 保管 bǎo guǎn 빠오 꽌　동　보관하다
- 箱 xiāng 씨앙　명　상자, 함
- 钥匙 yào shí 야오 스　명　열쇠
- 餐店 cān tīng 찬 팅　명　식당
- 按摩所 àn mó suǒ 안 모 쒀　명　안마소
- 卡拉OK kǎ lā OK 카 라 오 케이　명　노래방, 가라오케

▌각종 불편 신고

TV가 켜지지 않아요.

电视打不开.

diàn shì dǎ bú kāi.

띠엔 스 따 부 카이.

난방이 잘 안 되네요.

暖气不热.

nuǎn qì bú rè.

누안 치 부 러.

에어컨이 고장 났어요.

空调坏了.

kōng diào huài le.

꽁 따오 화이 러.

뜨거운 물이 안 나옵니다.

不出热水.

bú chū rè shuǐ.

부 추 러 수이.

욕실에 수건이 없습니다.

浴室里没有浴巾.

yù shì lǐ méi yǒu yù jīn.

위 스 리 메이 요우 위 진.

화장실이 너무 더럽습니다.

洗手间太脏.

xǐ shǒu jiān tài zàng.

씨 서우 지엔 타이 짱.

변기가 막혔습니다.

马桶堵了.

mǎ tǒng dǔ le.

마 통 뚜 러.

비누가 없습니다.

没有香皂.

méi yǒu xiāng zào.

메이 요우 씨앙 짜오.

방 좀 청소해 주세요.

请打扫房间.

qǐng dǎ sǎo fáng jiān.

칭 따 싸오 팡 지엔.

방 좀 바꿔주시겠습니까?

换房间, 可以吗?

huàn fáng jiān, kě yǐ ma?

환 팡 지엔, 커 이 마?

- 电视 diàn shì 띠엔 스 몡 텔레비전
- 打不开 dǎ bú kāi 따 부 카이 통 열리지 않는다, 켜지지 않다
- 暖气 nuǎn qì 누안 치 몡 스팀, 난방
- 热 rè 러 몡통톙 열, 뜨겁다, 덥다
- 空调 kōng diào 콩 따오 몡통 에어컨, 공기를 조절하다
- 坏 huài 후아이 통톙 나쁘다, 망가졌다
- 不出 bú chū 부 추 통 나오지 않는다
- 热水 rè shuǐ 러 수이 몡 뜨거운 물
- 浴室 yù shì 위 스 몡 욕실, 목욕탕
- 没有 méi yǒu 메이 요우 통 없다
- 浴巾 yù jīn 위 진 몡 목욕 수건
- 洗手间 xǐ shǒu jiān 씨 서우 지엔 몡 화장실
- 太 tài 타이 튄 너무
- 脏 zàng 짱 톙 더럽다
- 马桶 mǎ tǒng 마 통 몡 변기
- 堵 dǔ 뚜 통 막다, 막혔다
- 香皂 xiāng zào 씨앙 짜오 몡 비누
- 打扫 dǎ sǎo 따 싸오 통 청소하다
- 换 huàn 환 통 교환하다, 바꾸다

■ 체크아웃

A   체크아웃하려고 하는데, 계산 좀 해주세요. 이것은
제 룸 키입니다.

我要退房，请算账吧. 这是我的钥匙.

wǒ yào tuì fáng, qǐng suàn zhàng ba. zhè shì wǒ de yuè shí.

워 야오 투이 팡, 칭 쫜 장 빠. 저 스 워 더 위에 스.

B   조금만 기다려주십시오. 이것이 당신의 계산서입니다.

请稍等. 这是你的结算单.

qǐng shāo děng. zhè shì nǐ de jié suàn dān.

칭 사오 떵, 저 스 니 더 지에 쫜 딴.

A   신용카드로 지불할 수 있습니까?

付款用信用卡可以吗?

fù kuǎn yòng xìn yòng kǎ kě yǐ ma?

푸 콴 융 씬 융 카 커 이 마?

B   물론입니다, 이것은 영수증입니다. 다시 오시길 바
랍니다.

当然可以，这是您的收据. 欢迎您再来.

dāng rán kě yǐ, zhè shì nín de shōu jù. huān yíng nín zài
lái.

땅 런 커이, 저 스 닌 더 서우 쥐, 환 잉 닌 짜이 라이.

A 감사합니다. 다시 봅시다!

谢谢. 再见!

xiè xiè. zài jiàn!

씨에 씨에, 짜이 지엔!

새로운 단어

- 退房 tuì fáng 투이 팡 동 방에서 나가다
- 算账 suàn zhàng 쏸 장 계산하다
- 结算单 jié suàn dān 지에 쏸 딴 명 계산서
- 付款 fù kuǎn 푸 콴 명 돈을 지불하다, 지급하다
- 信用卡 xìn yòng kǎ 씬 융 카 명 신용카드
- 收据 shōu jù 서우 쥐 명 영수증
- 再来 zài lái 짜이 라이 다시 오다.

순성여관

중국의 숙박 시설

우리의 경우 반점饭店은 중국 식당을, 주점酒店은 술집을 뜻한다. 중국어에도 그런 뜻이 있지만 호텔을 지칭하는 경우가 있다. 그것을 판단하는 기준은 조그만 점포라면 식당과 술집을 의미하고, 그 규모가 큰 건물일 경우에는 대부분 호텔을 의미한다. 중국의 호텔 명칭은 대개 다음과 같다.

반점 **饭店** fàn diàn 판 띠엔
주점 **酒店** jiǔ diàn 지우 띠엔
빈관 **宾馆** bīn guǎn 빈 꽌

호텔의 급수는 별 성星(★)으로 표기하는데, 가장 급수가 높은 것은 5~7성이고, 낮은 급수는 1~2성이다. 호텔보다 급이 낮은 모텔과 여관, 초대소의 명칭은 다음과 같다.

모텔 motel
여관 **旅馆** lǚ guǎn 뤼 꽌
여사 **旅社** lǚ shè 뤼 서
초대소 **招待所** zhāo dài suǒ 자오 따이 쉬

주의할 점은 외국인은 신변 보호를 위해서 2성星 이상 호텔이나 모텔에서 숙박할 수가 있다. 단지 지역이 외진 곳이라 호텔과 모텔이 없는 경우 부득이하게 여관과 초대소 등지에서 숙박할 수가 있는데, 이때에는 원칙적으로 여관과 초대소에서 인근 경찰의 허가를 받아야 한다.

이 밖에 외국인들이 숙박할 수 있는 곳으로는 대학의 유학생 기숙사, 유스호스텔 등이 있다.

유학생숙사 **留学生宿舍** liú xué shēng su she
　　　　　　　　　리우 쉬에 성 쑤 서

유스호스텔 **青年旅舍** qīng nián lǚ shè 칭 니엔 뤼 서

만약 배낭여행을 하거나 학생인 경우에는 중국 친척이나 친구의 도움을 받아서 숙박인 명의를 중국인으로 하거나 민박 등을 이용하면 된다. 그러나 불법인 경우에는 신변 보호를 받을 수 없으니 주의가 필요하다.

중국의 식당은 반점으로 불리는 경우도 있지만 일반적으로 다음과 같다.

찬청 **餐厅** cān tīng 찬 팅
찬관 **餐馆** cān guǎn 찬 꽌
식당 **食堂** shí táng 스 탕

술집도 주점이라고 불리는 경우도 있지만 일반적으로

다음과 같다.

주가 **酒家** jiǔ jiā 지우 지아
주루 **酒楼** jiǔ lóu 지우 러우
주방 **酒坊** jiǔ fáng 지우 팡
주장 **酒场** jiǔ chǎng 지우 창
주관 **酒馆** jiǔ guǎn 지우 관
주포 **酒铺** jiǔ pù 지우 푸
주파 **酒吧** jiǔ bā 지우 빠

젊은이들이 애용하는 노래방과 인터넷방은 다음과
같다.

노래방 **歌厅** gē tīng 꺼 팅
가라오케 **卡拉**OK kǎ lā OK 카 라 오 케이(KTV, Karaoke
Television의 준말로 음향 시설을 설치한 노래방
을 의미한다.)
인터넷방 **网吧** wǎng bā 왕 빠

中國語

05

먹거리

길거리 음식

A 간단한 중국 음식을 먹고 싶은데, 소개 좀 해주세요

我想吃简单的中国菜, 请介绍一下.

wǒ xiǎng chī jiǎn dān de zhōng guó cài, qǐng jiè shào yī xià.

워 씨앙 츠 지엔 딴 더 중 꿔 차이, 칭 지에 사오 이 씨아!

B 예. 호텔 앞문으로 나가시면, 바로 길거리에 많이 있습니다.

好. 您出去酒店前门, 就能看到街上 很多.

hǎo. nín chū qù jiǔ diàn qián mén, jiù néng kàn dào jiē shàng hěn duō.

하오. 닌 추 취 지우 띠엔 치엔 먼, 지우 넝 칸 따오 지에 상 헌 뛰.

A 알겠습니다… 이것은 무엇입니까?

知道了… 这是什么?

zhī dào le… zhè shì shén me?

즈 따오 러… 저 스 선 머?

C 양고기 꼬치입니다.

羊肉串儿.

yáng ròu chuàn ér.

양 러우 촨 얼.

A 하나에 얼마입니까?

一个多少钱?

yī gè duō shǎo qián?

이 거 뚸 사오 치엔?

C 1개에 1원입니다. 몇 개 드릴까요?

一个一块. 给你几个?

yī gè yī kuài. gěi nǐ jǐ gè?

이 거 이 콰이. 게이 니 지 거?

A 3개만 포장해 주세요.

我要三个打包.

wǒ yào sān gè dǎ bāo.

워 야오 싼 거 따 빠오.

C 양념을 뿌려드릴까요?

要不要放调料?

yào bú yào fàng diào liào?

야오 부 야오 팡 따오 랴오?

A 네. 감사합니다.

是. 谢谢.

shì. xiè xiè.

스. 씨에 씨에.

- **想** xiǎng 씨앙 图 생각하다

- **吃** chī 츠 图 먹다, 마시다

- **简单** jiǎn dān 지엔 딴 형 간단하다, 단순하다

- **中国菜** zhōng guó cài 중 꿔 차이 명 중국요리

- **出去** chū qù 추 취 图 나가다

- **酒店** jiǔ diàn 지우 띠엔 명 호텔

- **前门** qián mén 치엔 먼 명 앞문, 정문

- **就** jiù 지우 图분 나가다, 바로, 곧

- **街上** jiē shàng 지에 상 명 거리

- **很多** hěn duō 헌 뚸 매우 많다

- **羊肉串儿** yáng ròu chuàn ér 양 러우 촨 얼 명 양고기 꼬치

- **块** kuài 콰이 명 덩어리, 화폐 단위

- **打包** dǎ bāo 따 빠오 图 포장하다

- **放** fàng 팡 图 놓다, 뿌리다

- **调料** diào liào 땨오 랴오 명 조미료

- **馒头** mán tóu 만 터우 명 속없는 만두

- **包子** bāo zǐ 빠오 쯔 명 속에 고기나 단팥이 있는 만두

- **汤包子** tāng bāo zǐ 탕 빠오 쯔 명 속에 국물이 있는 만두

- 鸡蛋夹饼 jī dàn jiā bǐng 지 딴 지아 삥 圀 화덕에 구운 밀가루 빵

- 春卷儿 chūn juàn ér 춘 쥐안 얼 圀 부추와 당면을 넣고 직사각
  형 모양으로 튀긴 음식

- 粥 zhōu 저우 圀 죽

- 小笼包 xiǎo lóng bāo 샤오 룽 빠오 圀 작은 고기만두

- 饺子 jiǎo zǐ 쟈오 쯔 圀 물만두

- 锅贴 guō tiē 꿔 티에 圀 군만두

- 豆沙包子 dòu shā bāo zǐ 더우 샤 빠오 쯔 圀 단팥 찐빵

- 烧饼 shāo bǐng 샤오 삥 圀 참깨를 뿌려 구운 빵

- 煎饼 jiān bǐng 지엔 삥 圀 기름에 부친 밀전병

- 葱油饼 cōng yóu bǐng 총 요우 삥 圀 파를 넣고 부친 밀전병

- 蛋饼 dàn bǐng 딴 삥 圀 계란말이

- 米浆 mǐ jiāng 미 지양 圀 중국식 미숫가루 음료

- 炸豆腐 zhà dòu fǔ 자 더우 푸 圀 튀긴 두부

- 臭豆腐 chòu dòu fǔ 처우 더우 푸 圀 발효 두부

- 月饼 yuè bǐng 위에 삥 圀 월병

- 汤圆 tāng yuán 탕 위엔 圀 새알심 비슷한 모양의 식품

- 年糕 nián gāo 니엔 까오 圀 설 떡

- 馄饨 hún tún 훈 툰 圀 밀가루 피에 고기 소를 넣고 찌거나
  끓인 음식

- 糖炒栗子 táng chǎo lì zǐ 탕 차오 리 쯔 圀 군밤

- 烤玉米 kǎo yù mǐ 카오 위 미 圀 구운 옥수수

- 粽子 zòng zǐ 쭝 쯔 명 댓잎 밥
- 糖葫芦 táng hú lu 탕 후 루 명 설탕 바른 과일 꼬치
- 酱油蛋 jiàng yóu dàn 지앙 요우 딴 명 간장에 졸인 계란.
- 花卷 huā juǎn 화 쮀엔 명 꽃빵
- 拔丝地瓜 bá sī dì gua 빠 스 띠 과 명 고구마 맛탕
- 糖饼 táng bǐng 탕 삥 명 중국식 호떡

▌포장마차

A   앉으세요! 무엇을 드시겠습니까?

请坐! 你要吃什么?

qǐng zuò! nǐ yào chī shén me?
칭 쮀! 니 야오 츠 선 머?

B   콩국 한 그릇과 튀긴 꽈배기 하나 주세요.

我要一碗豆浆和一个油条.

wǒ yào yī wǎn dòu jiāng hé yī gè yóu tiáo.
워 야오 이 완 더우 지앙 허 이 거 요우 탸오.

A   좋습니다, 더 필요한 것은 없습니까?

好的, 还要别的吗?

hǎo de, hái yào bié de ma?
하오 더, 하이 야오 삐에 더 마?

B 죽 한 그릇과 만두 한 개를 더 주세요.

再给我，一碗粥和一个馒头．

zài gěi wǒ, yī wǎn zhōu hé yī gè mán tóu.

짜이 게이 워, 이 완 저우 허 이 거 만 토우.

A 탕과 면을 원하십니까?

要不要汤和面?

yào bú yào tāng hé miàn?

야오 부 야오 탕 허 미엔?

B 필요 없습니다. 광천수 한 병 주실래요?

不要．请给我一瓶矿泉水好吗?

bú yào. qǐng gěi wǒ yī píng kuàng quán shuǐ hǎo ma?

부 야오. 칭 게이 워 이 핑 쾅 치엔 수이 하오 마?

A 예, 조금만 기다리세요. 곧 나갑니다.

好的，请稍等．马上来．

hǎo de, qǐng shāo děng. mǎ shàng lái.

하오 더, 칭 사오 떵. 마 상 라이.

B 배불리 다 먹었습니다. 모두 얼마죠?

吃饱了．一共多少钱?

chī bǎo le. yī gòng duō shǎo qián?

츠 빠오 러. 이 꿍 뚸 사오 치엔?

A   10원입니다.

十块.

shí kuài.

스 콰이.

새로운 단어

- 碗 wǎn 완 명 그릇

- 豆浆 dòu jiāng 더우 지앙 명 콩국, 두유

- 油条 yóu tiáo 요우 탸오 명 꽈배기

- 还 hái 하이 부 아직도, 또

- 别的 bié de 삐에 더 명 다른 것

- 粥 zhōu 저우 명 죽

- 馒头 mán tóu 만 터우 명 만두

- 汤 tāng 탕 명 탕

- 面 miàn 미엔 명 국수

- 瓶 píng 핑 명 병

- 矿泉水 kuàng quán shuǐ 쾅 치엔 수이 명 광천수

- 一共 yī gòng 이 꿍 명부 모두, 합계

- 米饭 mǐ fàn 미 판 몡 쌀밥

- 蛋炒饭 dàn chǎo fàn 단 차오 판 몡 계란볶음밥

- 杨州炒饭 yáng zhōu chǎo fàn 양 저우 차오 판 몡 양주식 볶음밥

- 盖饭 gài fàn 까이 판 몡 덮밥

- 面条 miàn tiáo 미엔 탸오 몡 국수

- 炒面 chǎo miàn 차오 미엔 몡 볶음국수

- 汤面 tāng miàn 탕 미엔 몡 국물국수

- 拌面 bàn miàn 빤 미엔 몡 비빔국수

- 鸡汤面 jī tāng miàn 지 탕 미엔 몡 닭육수 쌀국수

- 冷面 lěng miàn 렁 미엔 몡 냉면

- 什锦炒饭 shí jǐn chǎo fàn 스 진 차오 판 몡 야채볶음밥

- 玉米汤 yù mǐ tāng 위 미 탕 몡 옥수수 스프

- 酸辣汤 suān là tāng 쏸 라 탕 몡 산라탕

- 三鲜汤 sān xiān tāng 싼 시엔 탕 몡 삼선탕

- 西红柿蛋花汤 xī hóng shì dàn huā tāng 씨 훙 스 딴 화 탕 몡 토마토 계란탕

- 砂锅豆腐 shā guō dòu fǔ, 사 꿔 떠우 푸 몡 뚝배기 두부

- 炒米粉 chǎo mǐ fěn 차오 미 펀 몡 당면볶음

중국의 지역별 대표 국수

◆ 산서 도삭면 山西 刀削面 shān xī dāo xuē miàn
산 씨 따 쉬에 미엔

◆ 북경 자장면 北京 炸酱面 běi jīng zhà jiàng miàn
베이 징 자 쟝 미엔

◆ 난주 라면 兰州 拉面 lán zhōu lā miàn 란 저우 라 미엔

◆ 보정 대자각소면 保定 大慈阁素面 bǎo dìng dà cí gé sù
miàn 빠오 띵 따 츠 꺼 쑤 미엔

◆ 산서 유발면 陕西 油泼面 shǎn xī yóu pō miàn
산 씨 여우 포 미엔

◆ 하북 로면 河北 捞面 hé běi lāo miàn 허 뻬이 라오 미엔

◆ 하남 회면 河南 烩面 hé nán huì miàn 허 난 후이 미엔

◆ 상해 양춘면 上海 阳春面 shàng hǎi yáng chūn miàn
상 하이 양 춘 미엔

◆ 사천 단단면 四川 担担面 sì chuān dān dān miàn
쓰 촨 딴 딴 미엔

◆ 양주 초면 扬州 炒面 yáng zhōu chǎo miàn
양 저우 차오 미엔

◆ 기산 조사면 岐山 臊子面 qí shān sào zǐ miàn
치 산 싸오 쯔 미엔

◆ 운남 과교미선(쌀국수) 云南 过桥米线 guò qiáo mǐ xiàn
꿔 챠오 미 시엔

◆ 계림 미분(쌀국수) 桂林 米粉 guì lín mǐ fěn 꾸이 린 미 펀
◆ 대만 우육면 台湾 牛肉面 tái wān niú ròu miàn
　　　　　　　　　　타이 완 니우 러우 미엔

중국의 각종 면과 면발 뽑는 모습

패스트푸드

A 치킨버거 한 개와 콜라 한 잔 주세요.

请给我一个鸡肉汉堡和一杯可乐.

qǐng gěi wǒ yī gè jī ròu hàn bǎo hé yī bēi kě lè.

칭 께이 워 이 거 지 러우 한 빠오 허 이 뻬이 커 러.

B 여기서 드실 겁니까, 가지고 가실 겁니까?

在这儿吃还是带走?

zài zhè ér chī hái shì dài zǒu?

자이 저 얼 츠 하이 스 따이 저우?

A 여기서 먹겠습니다.

在这儿吃.

zài zhè ér chī.

짜이 저 얼 츠.

B 여기 나왔습니다.

出来了! 给你.

chū lái le! gěi nǐ.

추 라이 러! 게이 니.

A 빨대를 주시겠어요?

给我个吸管, 好吗?

gěi wǒ gè xī guǎn, hǎo ma?

게이 워 거 씨 꽌, 하오 마?

B 저쪽에 있습니다.

这边有的.

zhè biān yǒu de.
저 삐엔 요우 더.

A 치킨 두 조각을 포장해 주세요.

我要两块炸鸡块儿, 请打包.

wǒ yào liǎng kuài zhà jī kuài ér, qǐng dǎ bāo.
워 야오 량 콰이 자 지 콰이 얼, 칭 따 빠오.

B 예, 조금만 기다리세요.

好的, 请稍等.

hǎo de, qǐng shāo děng.
하오 더, 칭 사오 떵.

새로운 단어

- **鸡肉** jī ròu 지 러우 명 닭고기
- **汉堡** hàn bǎo 한 빠오 명 햄버거
- **杯** bēi 뻬이 명 잔, 컵
- **可乐** kě lè 커 러 명 콜라
- **还是** hái shì 하이 스 부 아직도, 여전히
- **带走** dài zǒu 따이 저우 동 가지고 가다

- 吸管 xī guǎn 씨 꽌 명 빨대, 스트로(straw)

- 炸鸡 zhà jī 자 지 명 치킨, 튀긴 닭

- 套餐 tào cān 타오 찬 명 세트 메뉴

- 三明治 sān míng zhì 싼 밍 즈 명 샌드위치

- 烤面包 kǎo miàn bāo 카오 미엔 빠오 명 토스트

- 炸薯条 zhà shǔ tiáo 자 수 탸오 명 감자튀김

- 比萨 bǐ sà 삐 싸 명 피자

- 蛋挞 dàn tà 딴 타 명 에그타르트

- 热狗 rè gǒu 러 거우 명 핫도그

- 冰淇淋 bīng qí lín 삥 치 린 명 아이스크림

- 甜甜圈 tián tián quān 티엔 티엔 취엔 명 도넛

- 鸡腿 jī tuǐ 지 투이 명 닭다리

- 沙拉 shā lā 사 라 명 샐러드

- 面包 miàn bāo 미엔 빠오 명 빵

- 蛋糕 dàn gāo 딴 까오 명 케이크

- 蛋黄酱 dàn huáng jiàng 딴 황 지앙 명 마요네즈

- 番茄酱 fān qié jiàng 판 치에 쟝 명 케첩

- 巨无霸 jù wú bà 쥐 우 빠 명 빅맥

- 吉士汉堡 jí shì hàn bǎo 지 스 한 빠오 명 치즈버거
- 麦香鸡 mài xiāng jī 마이 씨앙 지 명 치킨버거
- 麦香鱼 mài xiāng yú 마이 씨앙 위 명 생선버거
- 萍果派 píng guǒ pài 핑 꿔 파이 명 애플파이
- 湿纸巾 shī zhǐ jīn 스 즈 진 명 물티슈
- 餐巾纸 cān jīn zhǐ 찬 진 즈 명 냅킨
- 雪碧 xuě bì 쒸에 삐 명 사이다
- 芬达 fēn dá 펀 따 명 환타
- 牛奶 niú nǎi 니우 나이 명 우유

패스트푸드 음식점

■ 식당 예약

A 여보세요, 사천 음식점입니까?

喂, 是四川餐厅吗?

wèi, shì sì chuān cān tīng ma?

웨이, 스 쓰 촨 찬 팅 마?

B 네, 말씀하세요.

是, 请讲.

shì, qǐng jiǎng.

스, 칭 지앙.

A 오늘 저녁에 룸을 예약하려고 합니다.

我想预订今天晚上用餐的包间.

wǒ xiǎng yù dìng jīn tiān wǎn shàng yòng cān de bāo jiān.

워 씨앙 위 띵 진 티엔 완 상 융 찬 더 빠오 지엔.

B 실례지만 몇 분이시죠?

请问, 几位?

qǐng wèn, jǐ wèi?

칭 원, 지 웨이?

A 8명입니다.

八个人.

bā gè rén.

빠 거 런.

B　당신들은 언제까지 도착하실 수 있나요?

你们打算什要时间能到?

nǐ men dǎ suàn shén yào shí jiān néng dào?

니 먼 따 쑤안 선 야오 스 지엔 넝 따오?

A　저녁 6시 이전에 도착할 수 있습니다.

晚上六点以前能到.

wǎn shàng liù diǎn yǐ qián néng dào.

완 상 리우 띠엔 이 치엔 넝 따오.

B　연락 전화번호를 남겨주십시오.

请留下您的联系电话.

qǐng liú xià nín de lián xì diàn huà.

칭 리우 씨아 닌 더 리엔 씨 띠엔 화.

A　제 핸드폰 번호는 010-557-0345입니다.

我的手机号是零一零五五七零三四五.

wǒ de shǒu jī hào shì líng yī líng wǔ wǔ qī líng sān sì wǔ.

워 더 소우 지 하오 스 링 이 링 우 우 치 링 싼 쓰 우.

B　좋습니다. 저녁 때 뵙겠습니다.

好的. 晚上见.

hǎo de. wǎn shàng jiàn.

하오 더. 완 상 지엔.

- **喂** wèi 웨이 `감동` 어이, 여보세요, 먹이다

- **四川** sì chuān 쓰 촨 `명` 사천

- **餐厅** cān tīng 찬 팅 `명` 식당, 음식점

- **预订** yù dìng 위 띵 `명동` 예약, 예약하다

- **用餐** yòng cān 용 찬 `동` 식사하다

- **包间** bāo jiān 빠오 지엔 `명` 대절한 방, 룸

- **时间** shí jiān 스 지엔 `명` 시간

- **能** néng 넝 `형동` 할 수 있다, 해야 한다

- **留下** liú xià 리우 씨아 `동` 묵게 하다, 남겨 놓다

- **电话** diàn huà 띠엔 화 `명` 전화

- **手机** shǒu jī 서우 지 `명` 핸드폰

공화춘 - 중식당

중국 10대 권역별 특선 유명 요리

◆ **북경** 北京요리

북경고압 北京烤鸭 běi jīng kǎo yā 베이 징 카오 야　북경식 오리구이

쇄양육 涮羊肉 shuàn yáng ròu 솬 양 러우　양고기 샤브샤브

경장육사 京酱肉丝 jīng jiàng ròu sī 징 지앙 러우 쓰　경장육사

작장면 炸酱面 zhà jiàng miàn 자 지앙 미엔　자장면

◆ **상해** 上海요리

대갑해 大闸蟹 dà zhá xiè 따 자 씨에　게요리

소롱포자 小笼包子 xiǎo lóng bāo zǐ 샤오 롱 빠오 쯔　작은 고기 만두

송서어 松鼠鱼 sōng shǔ yú 쏭 수 위　다람쥐처럼 튀긴 민물고기

오향고부 五香烤夫 wǔ xiāng kǎo fū 우 씨앙 카오 푸　다섯 가지 맛이 나는 밀기울을 쪄서 익힌 음식

탕초소배 糖醋小排 táng cù xiǎo pái 탕 추 샤오 파이　탕수육 갈비

고로육 咕老肉 gū lǎo ròu 꾸 라오 러우　상해식 탕수육

엄독선 腌笃鲜 yān dǔ xiān 이엔 뚜 씨엔　죽순과 삼겹살로 끓인 탕

팔보압 八宝鸭 bā bǎo yā 빠 빠오 야　여덟 가지 재료로 넣은 오리요리

유폭하 油爆虾 yóu bào xiā 요우 빠오 씨아 튀긴 새우요리
유민순 油焖笋 yóu mèn sǔn, 요 먼 쑨 죽순 샐러드
상해사랍 上海沙拉 shàng hǎi shā lā 상 하이 사 라 상해식 샐러드
금은제 金银蹄 jīn yín tí 진 인 티 상해식 족발 음식

◆ 산동山东요리
유폭대합 油爆大蛤 yóu bào dà há 요우 빠오 따 하 튀긴 대합조
　　개요리
홍소해라 红烧海螺 hóng shāo hǎi luó 홍 사오 하이 뤄 바다소라
　　요리
탕수리어 糖稣鲤鱼 táng sū lǐ yú 탕 쑤 리 위 새콤달콤한 소스를
　　끼얹은 잉어요리
총소해삼 葱烧海蓡 cōng shāo hǎi shēn 총 사오 하이 선 대파와
　　해삼 불린 것을 볶아낸 요리

◆ 사천四川요리
궁폭계정 宫爆鸡丁 gōng bào jī dīng 꿍 빠오 지 띵 네모나게
　　썬 닭고기, 야채, 땅콩 등을 넣어 볶은 요리
일품웅장 一品熊掌 yī pin xióng zhǎng 이 핀 쓩 쟝 상등 곰발바
　　닥요리
어향육사 鱼香肉丝 yú xiāng ròu sī 위 씨앙 러우 쓰 돼지고기
　　를 실처럼 썰어 볶은 요리
간소어시 干烧鱼翅 gàn shāo yú chì 간 사오 위 츠 물기 없는
　　상어지느러미요리
날자계정 辣子鸡丁 là zi jī dīng 라 쯔 지 띵 고추닭고기볶음요리

회과육 回锅肉 huí guō ròu 회이 꿔 로우 돼지고기피망볶음

마파두부 麻婆豆腐 má pó dòu fǔ 마 포 더우 푸 마파두부

개수백채 开水白菜 kāi shuǐ bái cài 카이 수이 빠이 차이 맑은
　　　국물의 배추탕

부처폐편 夫妻肺片 fū qī fèi piàn 푸 치 페이 피엔 쇠고기편육모
　　　듬요리

사천화과 四川火锅 sì chuān huǒ guō 쓰 촨 훠 꿔 사천식 샤브샤브

산니백육 蒜泥白肉 suàn ní bái ròu 쏸 니 빠이 로우 마늘로
　　　버무린 제육편육

수자육 水煮肉 shuǐ zhǔ ròu 수이 주 러우 돼지고기를 기름과
　　　물에 익혀서 나오는 요리

마의상수 蚂蚁上树 mǎ yǐ shàng shù 마 이 상 수 중국식 잡채
　　　면을 다진 고기와 볶아낸 요리

동파육 东坡肉 dōng pō ròu 뚱 포 러우 돼지의 갈빗살 찜요리

◆ 강소江苏요리

계탕자간사 鸡汤煮干丝 jī tāng zhǔ gàn sī 지 탕 주 깐 쓰 닭고기
　　　스프에 삶은 요리

청돈해분사자두 清炖蟹粉狮子头 qīng dùn xiè fěn shī zǐ tóu
　　　칭 뚠 씨에 펀 스 쯔 더우 맑은 스프의 게살 고기완자요리

수정효제 水晶肴蹄 shuǐ jīng yáo tí 수이 징 야오 티 투명한
　　　돼지족발요리

압포어 鸭包鱼 yā bāo yú 야 빠오 위 오리고기와 피로 만든
　　　볶음요리

금릉염수압 金陵盐水鸭 jīn líng yán shuǐ yā 진 링 이엔 수이

야　금릉식의 오리요리

무석육골두 无锡肉骨头 wú xī ròu gǔ tóu 우 씨 러우 꾸 토우
　　　무석식의 갈비찜

◆ 절강浙江요리

용정하인 龙井虾仁 lóng jǐng xiā rén 롱 징 씨아 런　새우살요리

서호초어 西湖醋鱼 xī hú cù yú 씨 후 추 위　서호 생선요리

규화계서 叫花鸡西 jiào huā jī xī 쟈오 화 지 씨　흙에 싸서
　　　불에 구운 닭요리

항소민육 香酥焖肉 xiāng sū mèn ròu 씨앙 쑤 먼 러우　닭튀김요리

사과로증황어 丝瓜卤蒸黄鱼 sī guā lú zhēng huáng yú 쓰 꽈 루
　　　정 황 위　수세미 오이와 함께 찐 조기요리

유민춘순 油焖春笋 yóu mèn chūn sǔn 요우 먼 춘 쑨　여린 죽순
　　　을 볶은 요리

◆ 광동广东요리

삼사룡호봉대회 三蛇龙虎凤大会 sān shé lóng hǔ fèng dà hui
　　　싼 서 롱 후 펑 따 후이　세 가지 뱀을 넣은 요리

소유저 烧乳猪 shāo rǔ zhū 사오 루 주　새끼돼지요리.

염국계 盐焗鸡 yán jú jī 이엔 쥐 지　소금을 친 닭찜요리

동과충 冬瓜盅 dōng guā zhōng 뚱 꽈 종　닭고기, 죽순, 새우
　　　등을 넣고 동과를 그릇 삼아 만든 탕

청증어 清蒸鱼 qīng zhēng yú 칭 정 위　담백한 생선찜요리

백작기위하 白灼基围虾 bái zhuó jī wéi xiā 빠이 줘 지 웨이 씨아
　　　보리새우요리

점심 点心 diǎn xīn 띠엔 씬　딤섬

백절계 白切鸡 bái qiē jī 빠이 치에 지　닭을 삶아 작게 자른
　　　요리

◆ 호남湖南요리

홍외어시 红煨鱼翅 hóng wēi yú chì 홍 웨이 위 츠　맵게 조리한
　　　상어지느러미요리

빙탕상련 冰糖湘莲 bīng táng xiāng lián 삥 탕 씨앙 리엔　달콤
　　　한 연밥요리

석미합증 腊味合蒸 là wèi hé zhēng 라 웨이 허 정　절여 말린
　　　돼지고기요리

홍소산랄 红烧酸辣 hóng shāo suān là 홍 사오 쏸 라　돼지고기를
　　　새콤하며 맵게 볶은 요리

◆ 복건福建요리

설화계 雪花鸡 xuě huā jī 쒸에 화 지　닭고기요리

금수복 金寿福 jīn shòu fú 진 서우 푸　금수복

소편조계 烧片糟鸡 shāo piàn zāo jī 사오 핀 짜오 지　훈증한
　　　닭고기요리

길즙가길어 枯汁加吉鱼 jú zhī jiā jí yú 쥐 즈 지아 지 위　귤즙
　　　참돔요리

태극명하 太极明虾 tài jí míng xiā 타이 지 밍 씨아　새우요리

어시 鱼翅 yú chì 위 츠　상어지느러미요리

불도장 佛跳墙 fó tiào qiáng 포 탸오 치앙　불도장

전조만어 煎糟鳗鱼 jiān zāo màn yú 지엔 자오 만 위　졸인 장어

요리

계사연와 鸡丝燕窝 jī sī yàn wō 지 쓰 이엔 워   잘게 저민 닭고기
　　와 제비집을 넣은 요리

백초선죽정 白炒鲜竹蛏 bái chǎo xiān zhú chēng 빠이 차오 씨엔
　　주 청   표고버섯과 죽순, 맛조개 등을 넣고 볶은 요리

◆ 안휘安徽요리

호호압자 葫芦鸭子 hú lú yā zǐ 후 루 야 쯔   조롱박에 넣고
　　만든 오리고기요리

부리집소계 符离集烧鸡 fú lí jí shāo jī 푸 리 지 사오 지   푸리지
　　닭고기요리

무위훈압 无为熏鸭 wú wèi xūn yā 우 웨 쉰 야   무위식의 훈제
　　오리고기요리

화퇴돈갑어 火腿炖甲鱼 huǒ tuǐ dùn jiǎ yú 훠 투이 뚠 지아 위
　　거북이요리

황산돈합 黄山炖鸽 huáng shān dùn gē 황 산 뚠 꺼   황산식의
　　비둘기요리

식사 제의

A   식사 시간이 다 됐어요. 같이 식사하러 갈까요?

快到吃饭时间了. 一起去吃饭怎么样?

kuài dào chī fàn shí jiān le. yī qǐ qù chī fàn zěn me yàng?

콰이 따오 츠 판 스 지엔 러. 이 치 취 츠 판 쩐 머 양?

B   좋습니다, 어디 좋은 식당이 있습니까?

好啊, 有什么好食堂吗?

hǎo ā, yǒu shén me hǎo shí táng ma?

하오 아, 요우 선 머 하오 스 탕 마?

C   이 근처에 한국 식당은 없습니까?

这附近有没有韩国餐馆?

zhè fù jìn yǒu méi yǒu hán guó cān guǎn?

저 푸 진 요우 메이 요우 한 꿔 찬 꽌?

A   있습니다. 이 작은 길로 쭉 가면 한국 식당이 하나 있는데, 그곳의 돌솥비빔밥은 맛있어요.

有的. 从这条小道一直往前走有韩国 餐馆, 那里的石锅拌饭味道不错.

yǒu de. cóng zhè tiáo xiǎo dào yī zhí wǎng qián zǒu yǒu hán guó cān guǎn, nà lǐ de shí guō bàn fàn wèi dào bú cuò.

요우 더. 총 저 탸오 쌰오 따오 이 즈 왕 치엔 저우 요우 한 꿔 찬 꽌, 나 리 더 스 꿔 빤 판 웨이 따오 부 춰.

C 나도 돌솥비빔밥을 좋아하는데, 어서 갑시다.

我也喜欢那家的石锅拌饭, 快点儿走吧.

wǒ yě xǐ huān nà jiā de shí guō bàn fàn, kuài diǎn ér zǒu ba.

워 예 씨 환 나 지아 더 스 꿔 빤 판, 콰이 띠엔 얼 쪼우 빠.

새로운 단어

- **快** kuài 콰이 형부 빠르다, 빨리, 곧

- **吃饭** chī fàn 츠 판 동 식사하다, 밥을 먹다

- **食堂** shí táng 스 탕 명 식당

- **附近** fù jìn 푸 진 명 부근

- **韩国餐馆** hán guó cān guǎn 한 꿔 찬 꽌 명 한국음식점

- **小道** xiǎo dào 쌰오 따오 명 작은 길, 작은 기예

- **一直** yī zhí 이 즈 부 똑바로

- **往** wǎng 왕 동 가다

- **前走** qián zǒu 치엔 쪼우 앞으로 가다

- **石锅拌饭** hí guō bàn fàn 스 꿔 빤 판 명 돌솥비빔밥

- **味道** wèi dào 웨이 따오 명 맛, 느낌

- **不错** bú cuò 부 춰 형 맞다, 틀림없다, 괜찮다

▎음식 주문

A 안녕하세요, 무엇을 주문하시겠습니까?

你好，您想要点儿什么？

nǐ hǎo, nín xiǎng yào diǎn ér shén me?

니 하오, 닌 씨앙 야오 띠엔 얼 선 머?

B 메뉴판이 있습니까?

有菜单吗？

yǒu cài dān ma?

요우 차이 딴 마?

A 네, 여기 저희 식당의 메뉴판입니다.

是，这是我们餐厅的菜单.

shì, zhè shì wǒ men cān tīng de cài dān.

스, 저 스 워 먼 찬 팅 더 차이 딴.

B 김 선생, 당신은 무엇을 드시겠습니까?

金先生，你要吃什么？

jīn xiān shēng, nǐ yào chī shén me?

진 씨엔 성, 니 야오 츠 선 머?

C 메뉴판만 보아서는 어느 음식이 좋은지 잘 모르겠
군요 미안하지만 이 집에서 잘하는 요리를 소개해
주시겠습니까?

兄看菜单， 不太了解什么菜比较好.
麻烦你介绍一下你们这里的拿手菜,
好吗?

zhī kàn cài dān, bú tài liǎo jiě shén me cài bǐ jiào hǎo.
má fán nǐ jiè shào yī xià nǐ men zhè lǐ de ná shǒu cài,
hǎo ma?

즈 칸 차이 딴, 부 타이 랴오 지에 선 머 차이 삐 쟈오 하오.
마 판 니 지에 사오 이 씨아 니 먼 저 리 더 나 소우 차이,
하오 마?

A   우리 식당은 사천훠궈를 잘합니다.

我们餐厅四川火锅很不错.

wǒ men cān tīng de sì chuān huǒ guō hěn bù cuò.
워 먼 찬 팅 더 쓰 촨 훠 꿔 헌 부 춰.

B   그럼 사천훠궈를 먹읍시다.

那么我们吃四川火锅.

nà me wǒ men chī sì chuān huǒ guō.
나 머 워 먼 츠 쓰 촨 훠 꿔.

A   매운 마라탕을 원하십니까? 안 매운 것을 원하십니
까? 아니면 반반씩 있는 것을 원하세요?

你们要麻辣汤? 要不辣的汤? 还是要
各半的汤?

nǐ men yào má là tāng? yào bú là de tāng? hái shì yào
gè bàn de tāng?

니 먼 야오 마 라 탕? 야오 부 라 더 탕? 하이 스 야오 꺼 빤 더 탕?

C   우리에게 매운 것과 안 매운 것이 반반씩 있는 원앙 훠궈로 주세요.

给我们麻辣汤和不辣的汤各半的鸳 鸯火锅.

gěi wǒ men má là tāng he bú là de tāng gè bàn de yuān yāng huǒ guō.

게이 워 먼 마 라 탕 허 부 라 더 탕 꺼 빤 더 위엔 양 훠 꿔.

A   술은 무엇으로 하시겠습니까?

您要什么酒啊?

nín yào shén me jiǔ ā?

니 야오 선 머 지우 아?

B   무슨 술이 있습니까?

有什么酒?

yǒu shén me jiǔ?

요우 선 머 지우?

A   바이주, 포도주, 맥주 등이 있습니다.

有白酒, 葡萄酒, 啤酒等.

yǒu bái jiǔ, pú táo jiǔ, pí jiǔ děng.

요우 빠이 지우, 푸 타오 지우, 피 지우 덩.

C 맥주로 주세요!

就来啤酒吧!

jiù lái pí jiǔ ba!

지우 라이 피 지우 빠!

B 제가 당신에게 한 잔 드리겠습니다.

我给你倒一杯.

wǒ gěi nǐ dào yī bēi.

워 게이 니 따오 이 뻬이.

C 감사합니다. 당신의 건강을 위해서 건배합시다!

谢谢. 祝你身体健康, 干杯!

xiè xiè. zhù nǐ shēn tǐ jiàn kāng, gàn bēi!

씨에 씨에. 주 니 선 티 지엔 캉, 깐 뻬이!

새로운 단어

- **点** diǎn 띠엔 ⑧ 주문하다

- **菜单** cài dān 차이 딴 ⑲ 메뉴판

- **了解** liǎo jiě 랴오 지에 ⑧ 알다, 이해하다

- **比较** bǐ jiào, 삐 쟈어 ⑧⑨ 비교하다, 비교적

- **拿手** ná shǒu 나 소우 ⑲⑲ 장기, 뛰어난

- **四川火锅** sì chuān huǒ guō 쓰 촨 훠 꿔 ⑲ 사천식 샤브샤브

- **麻辣汤** má là tāng 마 라 탕 맵고 얼얼한 육수

- **各半** gè bàn 거 빤 　⑧ 반반

- **鸳鸯火锅** yuān yāng huǒ guō 위엔 양 훠 꿔 　⑱ 맵고 안 매운
  것이 반반씩 담긴 육수

- **酒** jiǔ 지우 　⑱ 술

- **白酒** bái jiǔ 빠이 지우 　⑱ 배갈

- **葡萄酒** pú táo jiǔ 푸 타오 지우 　⑱ 포도주

- **啤酒** pí jiǔ 피 지우 　⑱ 맥주

- **倒** dǎo 따오 　⑧ 거꾸로 되다, 따르다

- **祝** zhù 주 　⑧ 빌다, 기원하다

- **身体** shēn tǐ 선 티 　⑱ 신체

- **健康** jiàn kāng 지엔 캉 　⑱⑲ 건강, 건강하다

- **干杯** gàn bēi 깐 뻬이 　⑧ 건배하다

원앙훠궈－육수를 두 개로 나누어 매운 맛과 담백한 맛을 함께 즐길 수 있다

외국인과 한국인이 좋아하는 중국요리

- 어향육사 鱼香肉丝 yú xiāng ròu sī 위 샹 러우 쓰 돼지고기를 실처럼 가늘게 썰어서 각종 야채와 버섯 등을 넣고 볶은 음식
- 교자 饺子 jiǎo zǐ 쟈오 쯔 물만두
- 궁보계정 宫保鸡丁 gōng bǎo jī dīng 꿍 빠오 지 띵 닭고기와 땅콩, 고추 등을 볶은 요리
- 마파두부 麻婆豆腐 má pó dòu fǔ 마 포 떠우 푸 마파두부
- 탕초육 糖醋肉 táng cù ròu 탕 추 러우 탕수육과 비슷한 요리 로 달고 신맛이 난다
- 경장육사 京酱肉丝 jīng jiàng ròu sī 징 쟝 러우 쓰 돼지고기 볶은 것을 파채와 함께 두부피로 싸서 먹는 음식
- 철판우육 铁板牛肉 tiě bǎn niú ròu 티에 빤 니우 러우 철판에 볶은 소고기요리
- 사천화과 四川火锅 sì chuān huǒ guō 쓰 촨 훠 꿔 사천식 샤브샤브
- 북경고압 北京烤鸭 běi jīng kǎo yā 베이 징 카오 야 북경식 오리요리
- 춘권 春卷 chūn juàn 춘 줴엔 밀가루피 속에 돼지고기, 야채 를 넣고 넓적하게 튀긴 요리
- 초반 炒饭 chǎo fàn 차오 판 볶음밥
- 초공심채 炒空心菜 kōng xīn cài 콩 씬 차이 공심채 볶음요리
- 혼돈 馄饨 hún tún 훈 툰 물만두의 일종
- 요과하인 腰果虾仁 yāo guǒ xiā rén 야오 꿔 씨아 런 캐슈 새우요리

▌ 계산

A   종업원, 계산합시다.

服务员, 买单.

fú wù yuán, mǎi dān.

푸 우 위엔, 마이 딴.

B   네, 조금만 기다리세요. 모두 500원입니다.

是, 请稍等. 一共五百元.

shì, qǐng shāo děng. yī gòng wǔ bǎi yuán.

스, 칭 사오 덩. 이 꿍 우 빠이 위엔.

C   오늘은 제가 사겠습니다.

今天我买单.

jīn tiān wǒ mǎi dān.

진 티엔 워 마이 딴.

A   아닙니다. 오늘은 제가 내겠으니 다음에 내십시오!

不. 今天我付, 下次你请我吧!

bú. jīn tiān wǒ fù, xià cì nǐ qǐng wǒ ba!

부. 진 티엔 워 푸, 씨아 츠 니 칭 워 빠!

C   감사합니다. 정말 배불리 먹었습니다.

谢谢. 吃得真饱啊.

xiè xiè. chī dé zhēn bǎo ā.

씨에 씨에. 츠 더 전 빠오 아.

A   신용카드 됩니까? 계산서 좀 갖다 주시겠어요?

可以信用卡吗? 给我看一下账单好吗?

kě yǐ xìn yòng kǎ ma? gěi wǒ kàn yī xià zhàng dān hǎo ma?

커 이 신 용 카 마? 게이 워 칸 이 씨아 장 딴 하오 마?

B   죄송합니다, 저희는 현금 결제입니다.

对不起, 这里是现金结算.

duì bú qǐ, zhè lǐ shì xiàn jīn jié suàn.

뚜이 부 치, 저 리 스 씨엔 진 찌에 쏸.

A   알겠습니다. 현금을 드리겠습니다.

知道了. 给你现金.

zhī dào le. gěi nǐ xiàn jīn.

즈 따오 러. 게이 니 씨엔 진.

B   감사합니다. 다음에 또 오세요!

谢谢. 下次再来!

xiè xiè. xià cì zài lái!

씨에 씨에. 씨아 츠 짜이 라이!

- 服务员 fú wù yuán 푸 우 위엔 명 종업원
- 买单 mǎi dān 마이 딴 명동 계산서, 계산하다
- 付 fù 푸 동 지불하다
- 下次 xià cì 씨아 츠 명 다음번
- 饱 bǎo 빠오 형 배부르다
- 信用卡 xìn yòng kǎ 씬 용 카 명 신용카드
- 账单 zhàng dān 장 딴 명 계산서
- 现金 xiàn jīn 씨엔 진 명 현금
- 再来 zài lái 짜이 라이 다시 오다

편의점

A 여기서 컵라면을 먹을 수 있습니까?

在这里可以吃方便面吗?

zài zhè lǐ kě yǐ chī fāng biàn miàn ma?
짜이 저 리 커 이 츠 팡 삐엔 미엔 마?

B 네. 저쪽에 컵라면이 있습니다.

是. 这边有方便面.

shì. zhè biān yòu fāng biàn miàn.
스. 저 삐엔 요우 팡 삐엔 미엔.

A 나무젓가락 좀 주세요.

请给我卫生筷子.

qǐng gěi wǒ wèi shēng kuài zǐ.

칭 게이 워 웨이 성 콰이 쯔.

B 여기 있습니다.

这儿有.

zhè ér yǒu.

저 얼 요우.

A 뜨거운 물은 어디에 있습니까?

在哪儿有开水?

zài nǎ ér yǒu kāi shuǐ?

짜이 나 얼 요우 카이 수이?

B 저쪽에 전자레인지와 물이 있으니, 스스로 사용하
세요.

这边有微波炉和水, 你自己用吧.

zhè biān yǒu wēi bō lú hé shuǐ, nǐ zì jǐ yòng ba.

저 삐엔 요우 웨이 뽀 루 허 수이, 니 쯔 지 용 빠.

A 알겠습니다… 얼마예요?

知道了… 多少钱?

zhī dào le… duō shǎo qián?

즈 따오 러… 뚸 사오 치엔?

B 5원입니다.

五块.

wǔ kuài.

우 콰이.

새로운 단어

- **方便面** fāng biàn miàn 팡 삐엔 미엔 명 컵라면
- **卫生** wèi shēng 웨이 성 형명 위생, 깨끗한
- **筷子** kuài zi 콰이 쯔 명 젓가락
- **开水** kāi shuǐ 카이 수이 명 끓인 물
- **微波炉** wēi bō lú 웨이 뽀 루 명 전자레인지
- **水** shuǐ 수이 명 물
- **自己** zì jǐ 쯔 지 대 자기가, 스스로
- **用** yòng 용 동 쓰다, 사용하다

편의점

찻집에서

A   무슨 차를 드시겠습니까?

您要喝什么茶?

nín yào hē shén me chá?

닌 야오 허 선 머 차?

B   어떤 차가 있습니까?

有什么茶?

yǒu shén me chá?

요우 선 머 차?

A   커피, 홍차, 우롱차, 녹차, 화차, 보이차 등이 있습니다.

有咖啡, 红茶, 乌龙茶, 绿茶, 花茶, 普 耳茶等.

yǒu kā fēi, hóng chá, wū lóng chá, lǜ chá, huā chá, pǔ ěr chá děng.

요우 카 페이, 홍 차, 우 롱 차, 뤼 차, 화 차, 푸 얼 차 덩.

B   아이스커피 한 잔 주세요.

请给我冰镇咖啡.

qǐng gěi wǒ bīng zhēn kā fēi.

칭 게이 워 삥 전 카 페이.

A   잠깐만 기다리세요… 아이스커피 드세요.

请稍等… 请用冰镇咖啡.

qǐng shāo děng··· qǐng yòng bīng zhèn kā fēi.
칭 사오 떵··· 칭 용 삥 전 카 페이.

B   감사합니다.

谢谢.

xiè xiè.
씨에 씨에.

- **茶** chá 차 명 차
- **咖啡** kā fēi 카 페이 명 커피
- **红茶** hóng chá 홍 차 명 홍차
- **乌龙茶** wū lóng chá 우 롱 차 명 오룽차
- **绿茶** lǜ chá 뤼 차 명 녹차
- **花茶** huā chá 화 차 명 화차
- **普耳茶** pǔ ěr chá 푸 얼 차 명 보이차
- **氷镇** bīng zhèn 삥 전 동 얼음으로 차게 하다

중국의 유명 차

- ◆ 서호용정차 西湖龙井茶 xī hú lóng jǐng chá 씨 후 룽 징 차
- ◆ 안휘철관음 安溪铁观音 ān xī tiě guān yīn 안 씨 티에 꽌 인
- ◆ 몽정차 蒙顶茶 méng dǐng chá 멍 띵 차
- ◆ 벽라춘 碧螺春 bì luó chūn 삐 뤄 춘 녹차의 일종
- ◆ 황산모봉 黄山毛峰 huáng shān máo fēng 황 산 마오 펑
- ◆ 백호은차 白毫银茶 bái háo yín chá 빠이 하오 인 차
- ◆ 동정 오룡차 冻顶乌龙茶 dòng dǐng wū lóng chá 뚱 띵 우 룽 차
- ◆ 군산은침 君山银针 jūn shān yín zhēn 쥔 산 인 전
- ◆ 기문홍차 祁门红茶 qí mén hóng chá 기 먼 훙 차
- ◆ 운남보이차 云南普耳茶 yún nán pǔ ěr chá 윈 난 푸 얼 차

사흘 밥은 굶어도 한 잔의 차는 마신다

중국 속담에 사흘 밥은 굶어도 차는 마셔야 한다는 말이 있다. 중국인에게 차茶(chá, 차)는 대중음료이다. 물론 수돗물과 끓인 물로 대신할 수 있으나, 거의 모두 차를 끓여서 마신다. 그 까닭은 수돗물의 수질이 그리 좋지 않고, 평소 습관화된 기름진 음식과 자칫 부족하기 쉬운 식물성 섬유 영양소의 섭취를 위한 것이다. 특히 채소가 절대적으로 부족한 북방의 유목민들에게 차는 주식만큼

이나 중요하다. 만약 그들이 차를 마시지 않는다면 각종
비타민 부족으로 인한 무서운 괴질에 걸릴 수가 있다.

중국차는 그 종류가 매우 다양해서 일일이 열거하기
어려울 정도이나, 크게 비발효차인 녹차綠茶, 미발효차인
황차黃茶, 경발효차인 청차靑茶, 반발효차인 백차白茶, 중
발효차인 홍차紅茶, 완전발효차인 흑차黑茶 등으로 나눌
수 있다. 그 대표적인 차의 종류를 살펴보면 다음과 같다.

녹차綠茶(lǜcha, 뤼차, 발효도 0퍼센트)
 • 유명 녹차 : 용정차龙井茶 lóngjǐngchá 롱징차

황차黃茶(huángcha, 황차, 발효도 10~20퍼센트)
 • 유명 황차 : 몽정황아蒙顶黄芽 mēngdǐnghuángya 멍딩황야

백차白茶(báicha, 바이차, 발효도 20~30퍼센트)
 • 유명 백차 : 백호은침白毫银针 báiháoyínzhēn 바이하오인전

청차靑茶(qīngcha, 칭차, 발효도 30~60퍼센트)
 • 유명 청차 : 철관음铁观音 tiěguānyīn 티에관인

　　　　　　　오룡차乌龙茶 wūlóngcha 우롱차

　　　　　　　무이암차武夷岩茶 wǔyíyánchá 우이옌차

홍차紅茶(hóngcha, 홍차, 발효도 70~90퍼센트)
 • 유명 홍차 : 기문홍차祁门红茶 qíménhóngcha 치먼홍챠

흑차黑茶(hēicha, 헤이차, 발효도 100퍼센트)
 • 유명 흑자 : 보이차普耳茶 pǔěrchá 푸얼차

찻잎의 색깔은 천연 그대로인 것도 있지만 대개는 가
공 시에 찻잎을 건조하거나 혹은 덖거나 찌는 과정 등에

따라 발효도가 변화한다. 마시는 방법은 비발효차부터 경발효차까지는 물의 온도를 80～90도 내외로 유지하여 적당히 우려서 마시면 된다. 그래서 특별한 다구를 준비하지 않아도 간단한 찻잔을 준비하여 찻잎을 넣고 바로 우려서 마실 수 있다. 이때에 흔히 사용되는 다구는 작은 사발 형식의 덮개가 있는 찻잔으로, 그 명칭은 개완차盖碗茶(gàiwǎnchá, 까이완차)라고 한다. 마실 적에 찻잎이 바로 목으로 넘어오지 못하도록 덮개로 밀면서 마시는 것이 특징이다.

이에 반해 반발효차부터 완전발효차는 물의 온도를 90～100도 이상에서 찻잎을 우려야 제 맛이 우러난다. 그래서 조그만 찻주전자인 차호茶壺 등의 다구를 구비해서 항상 뜨거운 온도를 유지하면서 차를 우려내는데, 이때 손과 공이 많이 들어가서 이를 공부차工夫茶(gōngfuchá, 꽁푸차)라고 한다.

차는 보통 햇차일수록 맛이 있지만 발효차인 흑차 종류는 묵힐수록 맛과 건강에 좋다. 그래서 오래 묵힌 흑차 종류는 그 가격이 천정부지로 뛰어오르니, 서민이 선뜻 사기가 어렵다. 차나 술을 오래 묵힌 것을 진년陈年이라고 부른다. 지역에 따라 차 마시는 것을 일컫는 용어가 다른데, 화북 지방에서는 갈차喝茶(hēcha, 허차), 화중 지방에서는 끽차吃茶(chīchá, 츠차), 광동 지방에서는 음차饮茶(yǐnchá, 인차)라고 한다.

술집에서

A 왕 선생, 오늘 저녁 한 잔 어때요?

王先生，今晚去喝一杯怎么样?

wáng xiān shēng, jīn wǎn qù hē yī bēi zěn me yàng?

왕 씨엔 성, 진 완 취 허 이 뻬이 쩐 머 양?

B 좋습니다. 저도 술 생각이 나던 참입니다.

好啊. 正好我也想喝酒.

hǎo ā. zhèng hǎo wǒ yě xiǎng hē jiǔ.

하오 아. 정 하오 워 예 씨앙 허 지우.

C 당신은 어떤 술을 드시겠습니까?

您要什么酒吗?

nín yào shén me jiǔ ma?

닌 야오 선 머 지우 마?

A 어떤 술이 있죠?

有什么酒?

yǒu shén me jiǔ?

요우 선 머 지우?

C 바이주, 양주, 맥주 등이 있습니다.

有白酒，洋酒，啤酒等.

yǒu bái jiǔ, yáng jiǔ, pí jiǔ děng.

요우 빠이 지우, 양 지우, 피 지우 덩.

B 바이주로 주세요, 그리고 안주는 뭐가 있죠?

就来白酒吧, 还有什么下酒菜?

jiù lái bái jiǔ ba, hái yǒu shén me xià jiǔ cài?

지우 라이 빠이 지우 빠, 하이 요우 선 머 씨아 지우 차이?

C 여기 메뉴입니다. 당신이 먼저 보시고 선택하시죠.

这是菜单. 您先看一下, 然後选择吧.

zhè shì cài dān. nín xiān kàn yī xià, rán hòu xuǎn zé ba.

저 스 차이 딴. 닌 씨엔 칸 이 씨아, 란 허우 쉬엔 저 빠.

A 꿍바오지띵을 주세요.

就要宫保鷄丁吧.

jiù yào gōng bǎo jī dīng ba.

지우 야오 꿍 빠오 지 띵 빠.

C 네, 잠시만 기다리세요.

好的, 请你稍等.

hǎo de, qǐng nǐ shāo děng.

하오 더, 칭 니 사오 덩.

A 왕 선생, 당신에게 한 잔 따르겠습니다!

王先生, 给您倒一杯吧!

wáng xiān shēng, gěi nín dǎo yī bēi ba!

왕 씨엔 성, 게이 닌 따오 이 뻬이 빠!

B   좋습니다. 당신의 성공을 축하하면서 건배!

好啊. 祝您的成功, 干杯!

hǎo ā. zhù nín de chéng gōng, gàn bēi!

하오 아. 주 닌 더 청 꿍, 깐 뻬이!

A   좋습니다. 우리들의 우정을 위해서 건배!

好吧. 为了我们的情谊干杯!

hǎo ba. wèi le wǒ men de qíng yì gàn bēi!

하오 빠. 웨이 러 워 먼 더 칭 이 깐 뻬이!

- **喝** hē 허 ⑧ 마시다

- **正好** zhèng hǎo 정 하오 ⑱ 꼭 알맞다, 딱 좋다, 마침

- **酒** jiǔ 지우 ⑲ 술

- **白酒** bái jiǔ 빠이 지우 ⑲ 백주, 고량주

- **洋酒** yáng jiǔ 양 지우 ⑲ 양주

- **啤酒** pí jiǔ 피 지우 ⑲ 맥주

- **下酒菜** xià jiǔ cài 씨아 지우 차이 ⑲ 술안주

- **选择** xuǎn zé 쉬엔 저 ⑧ 선택하다

- **宫保鸡丁** gōng bǎo jī dīng 꿍 빠오 지 띵 ⑲ 닭고기와 땅콩을
  볶은 요리

- 成功 chéng gōng 청 꿍 명동 성공, 성공하다
- 情谊 qíng yì 칭 이 명 정의, 우정

- 扎啤 zā pí 자 피 생맥주
- 葡萄酒 pú táo jiǔ 푸 타오 지우 명 포도주
- 威士忌 wēi shì jì 웨이 스 지 명 위스키
- 白兰地 bái lán dì 바이 란 띠 명 브랜디
- 鸡尾酒 jī wěi jiǔ 지 웨이 지우 명 칵테일
- 香宾酒 xiāng bīn jiǔ 썅 삔 지우 명 샴페인
- 朗姆酒 lǎng mǔ jiǔ 랑 무 지우 명 럼주
- 伏特加 fú tè jiā 푸 터 지아 명 보드카
- 特其拉酒 tè qí lā jiǔ 터 치 라 지우 명 데킬라

길거리 포장마차

中國語

06

쇼핑

■ 옷 가게

A 어서 오세요, 뭘 사려고 하십니까?

欢迎光临, 您要买什么?

huān yíng guāng lín, nín yào mǎi shén me?

환 잉 광 린, 닌 야오 마이 선 머?

B 나는 중국 전통 옷을 사고 싶습니다.

我想要传统中国式服装.

wǒ xiǎng yào chuán tǒng zhōng guó shì fú zhuāng.

워 씨앙 야오 촨 통 중 궈 스 푸 좡.

A 어떤 소재를 원하세요?

要什么料子的?

yào shén me liào zǐ de?

야오 선 머 랴오 쯔 더?

B 실크로 된 것은 없나요?

有没有用丝绸作的?

yǒu méi yǒu yòng sī chóu zuò de?

요우 메이 요우 융 쓰 초우 쭤 더?

A 그럼 이거 어때요? 실크입니다.

那这套怎么样? 是丝绸的.

nà zhè tào zěn me yàng? shì sī chóu de.

나 저 타오 쩐 머 양? 시 쓰 초우 더.

B 색상이 너무 밝은 것 같아요. 다른 색은 없나요?

颜色好像太亮了. 没有别的颜色吗?

yán sè hǎo xiàng tài liàng le. méi yǒu bié de yán sè ma?

이엔 써 하오 씨앙 타이 량 러. 메이 요우 삐에 더 이엔 써 마?

A 있습니다. 이런 색은 어때요?

有的. 这种颜色怎么样?

yǒu de. zhè zhǒng yán sè zěn me yàng?

요우 더. 저 종 이엔 써 쩐 머 양?

B 좋습니다. 입어봐도 되나요? 탈의실이 어디죠?

好的. 可不可以试穿? 试衣间在哪儿?

hǎo de. kě bú kě yǐ shì chuān? shì yī jiān zài nǎ ér?

하오 더. 커 부 커 이 스 촨? 스 이 지엔 짜이 나 얼?

A 이쪽으로 오십시오!

你来这边吧!

nǐ lái zhè biān ba!

니 라이 저 삐엔 빠!

B 입어보니, 너무 꽉 껴요. / 짧아요. / 헐렁해요.

试穿一下, 太紧. / 短. / 肥了.

shì chuān yī xià, tài jǐn. / duǎn. / féi le.

스 촨 이 씨아, 타이 진. / 똰. / 페이 러.

A　그럼 한 사이즈 큰 걸로 입어보시죠.

那再试试大一号的.

nà zài shì shì dà yī hào de.

나 짜 스 스 따 이 하오 더.

B　딱 맞습니다. 얼마죠?

很合身. 多少钱?

hěn hé shēn. duō shǎo qián?

헌 허 선. 뚸 사오 치엔?

A　500원입니다.

五百块钱.

wǔ bǎi kuài qián.

우 빠이 콰이 치엔.

B　너무 비싸요. 좀 깎아주세요.

太贵了. 便宜一点儿.

tài gui le. piàn yí yī diàn ér.

타이 꾸이 러. 피엔 이 이 뗀 얼.

A　그러면 450원에 드릴게요. 더 싸게는 안 팝니다.

那四百五十元吧. 少一分也不卖.

nà sì bǎi wǔ shí yuán ba. shǎo yī fèn yě bú mài.

나 쓰 빠이 우 스 위엔 빠. 사오 이 편 예 부 마이.

B 좋습니다. 그럼 포장해 주세요!

好的. 那您帮我包起来吧!

hǎo de. nà nín bāng wǒ bāo qǐ lái ba!

하오 더. 나 닌 빵 워 빠오 치 라이 빠!

새로운 단어

- 欢迎 huān yíng 환 잉 [동] 환영하다

- 光临 guāng lín 꽝 린 [명][동] 왕림하다

- 传统 chuán tǒng 촨 통 [명] 전통

- 服装 fú zhuāng 푸 좡 [명] 복장

- 料子 liào zǐ 랴오 쯔 [명] 옷감, 소재

- 丝绸 sī chóu 쓰 초우 [명] 비단

- 套 tào 타오 [명] 덮개, 벌, 조

- 亮 liàng 량 [형] 밝다

- 试穿 shì chuān 스 촨 [동] 입어보다

- 试衣间 shì yī jiān 스 이 지엔 [명] 환복실, 탈의실

- 太 tài 타이 [부] 너무, 아주

- 紧 jǐn 진 [형][동] 팽팽하다, 죄다

- 短 duǎn 똰 [형][동] 짧다, 작다

- 肥 féi 페이 [형][동] 살찌다, 크다, 헐렁하다

- 试试 shì shì 스 스 [동] 시험하다

- 大一号的 dà yī hào de 따 이 하오 더 圈 한 사이즈 큰 것

- 合身 hé shēn 허 선 園 몸에 맞다

- 便宜 pián yí 피엔 이 園圈 싸다, 공짜

- 一点儿 yī diǎn ér 이 뗀 얼 조금

- 包 bāo 바오 屠 싸다

- 起来 qǐ lái 치 라이 동사 뒤에서 동작의 시작이나 계속됨을
  나타냄

관련 단어

각종 의류 명칭

- 恤衫 Txù shān 쉬 산 圈 티셔츠

- 衬衫 chèn shān 천 산 圈 남방

- 女式衬衫 nǚ shi chèn shān 뉘 스 천 산 圈 블라우스

- 牛仔裤 niú zǎi kù 니우 짜이 쿠 圈 청바지

- 裤子 kù zǐ 쿠 쯔 圈 바지

- 裙子 qún zǐ 췬 쯔 圈 치마

- 内衣 nèi yī 네이 이 圈 내의

- 睡衣 shuì yī 수이 이 圈 잠옷

- 外套 wài tào 와이 타오 圈 외투

- 毛衣 máo yī 마오 이 圈 스웨터

- 连衣裙 lián yī qún 리엔 이 췬 圈 원피스

- 两件套 liǎng jiàn tào 량 지엔 타오 圈 투피스

- 领带 lǐng dài 링 따이 　명 넥타이
- 运动服 yùn dòng fú 윈 뚱 푸 　명 운동복
- 夹克 jiā kè 지아 커 　명 재킷
- 雨衣 yǔ yī 위 이 　명 비옷
- 皮衣 pí yī 피 이 　명 가죽옷
- 体闲服 tǐ xián fú 티 시엔 푸 　명 캐주얼복
- 男装 nán zhuāng 난 쫭 　명 남성복
- 女装 nǚ zhuāng 뉘 쫭 　명 여성복
- 童装 tóng zhuāng 퉁 쫭 　명 아동복
- 西服 xī fú 씨 푸 　명 양복
- 汉服 hàn fú 한 푸 　명 중국 전통 의상

의류 매장

과일 가게

A   이 포도는 어떻게 파나요?

这葡萄怎么卖?

zhè pú táo zěn me mài?

저 푸 타오 쩐 머 마이?

B   한 근에 2원 30전입니다.

两块三一斤.

liǎng kuài sān yī jīn.

량 콰이 싼 이 진.

A   맛 좀 볼 수 있어요? 시지 않나요?

尝一下? 不酸吧?

cháng yī xià? bú suān ba?

창 이 씨아? 부 쏸 빠?

B   걱정 마세요, 맛이 좋아요.

别担心, 味道很好.

bié dān xīn, wèi dào hěn hǎo.

삐에 딴 씬, 웨이 따오 헌 하오.

A   많이 사면 좀 싸게 해줄 수 있어요?

多买可以便宜点儿吗?

duō mǎi kě yǐ pián yí diǎn ér ma?

뚸 마이 커 이 피엔 이 뗀 얼 마?

B   얼마나 살 건데요?

你要多少?

nǐ yào duō shǎo?

니 야오 뛰 사오?

A   5근입니다.

五斤.

wǔ jīn.

우 진.

B   그러면 1근에 2원씩 드리겠습니다.

那么给你两块一斤.

nà me gěi nǐ liǎng kuài yī jīn.

나 머 께이 니 량 콰이 이 진.

A   좋습니다. 그럼 싸주세요.

好的. 那您帮我包起来吧.

hǎo de. nà nín bāng wǒ bāo qǐ lái ba.

하오 더. 나 닌 빵 워 빠오 치 라이 빠.

- 葡萄 pú táo 푸 타오 명 포도
- 斤 jīn 진 명 근, 도끼
- 尝 cháng 창 동 맛보다
- 酸 suān 쏸 형 시다
- 别 bié 삐에 부 하지 마라
- 担心 dān xīn 딴 씬 동 염려하다, 걱정하다
- 多买 duō mǎi 뚸 마이 많이 사다

과일 및 채소 이름

- 芒果 máng guǒ 망 꿔 명 망고
- 枇杷 pí pá 피 파 명 비파
- 荔枝 lì zhī 리 쯔 명 여지
- 杨梅 yáng méi 양 메이 명 양매
- 柚子 yòu zǐ 여우 쯔 명 유자
- 苹果 píng guǒ 핑 꿔 명 사과
- 哈密瓜 hā mì guā 하 미 과 명 멜론
- 橘子 jú zǐ 쥐 쯔 명 귤
- 西瓜 xī guā 씨 과 명 수박
- 桃子 táo zǐ 타오 쯔 명 복숭아
- 甜瓜 tián guā 티엔 과 명 참외

- 櫻桃 yīng táo 잉 타오 몡 앵두

- 橙子 chéng zǐ 청 쯔 몡 오렌지

- 柠檬 níng méng 닝 멍 몡 레몬

- 香蕉 xiāng jiāo 씨앙 쟈오 몡 바나나

- 李子 lǐ zǐ 리 쯔 몡 자두

- 杏子 xìng zǐ 씽 쯔 몡 살구

- 柿子 shì zǐ 스 쯔 몡 감

- 香瓜 xiāng guā 씨앙 꽈 몡 참외

- 菠萝 bō luó 뽀 뤄 몡 파인애플

- 猕猴桃 mí hóu táo 미 허우 타오 몡 다래

- 椰子 yē zǐ 예 쯔 몡 코코넛

- 甘蔗 gān zhè 깐 저 몡 사탕수수

- 板栗 bǎn lì 빤 리 몡 밤

- 大枣 dà zǎo 따 짜오 몡 대추

- 草莓 cǎo méi 차오 메이 몡 딸기

- 葡萄干 pú táo gàn 푸 타오 깐 몡 건포도

- 香菜 xiāng cài 쌍 차이 몡 고수나물

- 空心菜 kōng xīn cài 꽁 심 차이 몡 공심채, 옹채

- 油菜 yóu cài 요우 차이 몡 청경채

- 南瓜 nán guā 난 꽈 몡 호박

- 胡萝卜 hú luó bo 후 뤄 뽀 몡 당근

- 青椒 qīng jiāo 칭 쟈오 몡 피망

- 茄子 qié zǐ 치에 쯔 몡 가지
- 蘑菇 mó gu 모 구 몡 버섯
- 土豆 tǔ dòu 투 떠우 몡 감자
- 辣椒 là jiāo 라 쟈오 몡 고추
- 番茄 fān qié 판 치에 몡 토마토
- 萝卜 luó bo 뤄 뽀 몡 무
- 白菜 bái cài 바이 차이 몡 배추
- 蒜 suàn 쏸 몡 마늘
- 莲藕 lián ǒu 리엔 오우 몡 우엉
- 生菜 shēng cài 성 차이 몡 상추
- 菠菜 bō cài 뽀 차이 몡 시금치
- 卷心菜 juàn xīn cài 쥐엔 신 차이 몡 양배추
- 西兰花 xī lán huā 씨 란 화 몡 브로콜리
- 洋葱 yáng cōng 양 총 몡 양파
- 西葫芦 xī hú lú 씨 후 루 몡 단호박
- 红薯 hóng shǔ 홍 수 몡 고구마
- 黄瓜 huáng guā 황 과 몡 오이
- 葱 cōng 총 몡 파
- 豆芽 dòu yá 또우 야 몡 콩나물
- 生姜 shēng jiāng 성 지앙 몡 생강

■ 차 가게

A   말씀 좀 여쭙겠습니다, 이 거리에 차만 파는 상점이 없나요?

请问, 这条街有没有专卖茶的商店?

qǐng wèn, zhè tiáo jiē yǒu méi yǒu zhuān mài chá de shāng diàn?

칭 원, 저 탸오 지에 요우 메이 요우 좐 마이 차 더 상 띠엔?

B   있습니다. 길 저쪽 백화점 안에 차 파는 상점이 있어요.

有. 到马路的百货店里就有儿茶叶店.

yǒu, dào mǎ lù de bǎi huò diàn lǐ jiù yǒu ér chá yè diàn.

요우. 따오 마 루 더 빠이 훠 띠엔 리 지우 요우 얼 차 예 띠엔

A   감사합니다.

谢谢.

xiè xiè.

씨에 씨에.

C   무엇을 원하십니까?

你要什么?

nǐ yào shén me?

니 야오 선 머?

A 중국차를 좀 사려고 하는데, 추천해 주실래요?

**我想买一些中国茶, 请给我推荐几个,
好吗?**

wǒ xiǎng mǎi yī xiē zhōng guó chá, qǐng gěi wǒ tuī jiàn
jǐ gè, hǎo ma?

워 씨앙 마이 이 씨에 중 궈 차, 칭 께이 워 투이 지엔 지거, 하오 마?

C 어떤 걸로 원하세요? 녹차 어떠세요?

要哪一种? 绿茶, 怎么样?

yào nǎ yī zhǒng? lǜ chá, zěn me yàng?

야오 나 이 종? 뤼 차, 쩐 머 양?

A 어떤 녹차가 좋습니까?

哪一种绿茶好吗?

nǎ yī zhǒng lǜ chá hǎo ma?

나 이 종 뤼 차 하오 마?

C 용정녹차가 좋습니다!

龙井绿茶很好!

lóng jīng lǜ chá hěn hǎo!

롱 진 뤼 차 헌 하오!

A 어떻게 팝니까?

怎么卖?

zěn me mài?

쩐 머 마이?

C   한 근에 50원입니다.

一斤五十块.

yī jīn wǔ shí kuài.

이 진 우 스 콰이.

A   세 근만 주세요.

给我三斤.

gěi wǒ sān jīn.

께이 워 싼 진.

새로운 단어

- **专卖** zhuān mài 좐 마이 〔동〕 전매하다

- **商店** shāng diàn 상 띠엔 〔명〕 상점

- **马路** mǎ lù 마 루 〔명〕 대로, 큰길

- **百货店** bǎi huò diàn 빠이 훠 띠엔 〔명〕 백화점

- **茶叶店** chá yè diàn 차 예 띠엔 〔명〕 차 가게

- **推荐** tuī jiàn 투이 지엔 〔동〕 추천하다

- **龙井绿茶** lóng jǐng lǜ cha 롱 징 뤼 차 〔명〕 용정녹차

■ 전통술 가게

A 당신은 무엇을 사실 겁니까?

您买什么?

nín mǎi shén me?

닌 마이 선 머?

B 중국 전통주를 사려고 합니다.

我想买一些中国传统酒.

wǒ xiǎng mǎi yī xiē zhōng guó chuán tǒng jiǔ.

워 씨앙 마이 이 씨에 중 궈 촨 통 지우.

A 3층에 있습니다.

在三层.

zài sān céng.

짜이 싼 청.

C 어서 오십시오! 무엇을 드릴까요?

欢迎光临! 您要买点什么?

huān yíng guāng lín! nín yào mǎi diǎn shén me?

환 잉 꽝 린! 닌 야오 마이 띠엔 선 머?

B 친구들에게 선물을 사주려고요.

我想给朋友们买点礼品.

wǒ xiǎng gěi péng yǒu men mǎi diǎn lǐ pǐn.

워 씨앙 게이 펑 여우 먼 마이 띠엔 리 핀.

A   당신 친구들은 중국의 술을 좋아하더군요.

你的朋友们喜欢中国的酒.

nǐ de péng yǒu men xǐ huān zhōng guó de jiǔ.

니 더 펑 여우 먼 씨 환 중 궈 더 지우.

B   어떤 술이 좋아요?

什么样的酒好吗?

shén me yàng de jiǔ hǎo ma?

선 머 양 더 지우 하오 마?

C   모태주, 오량액주, 죽엽청주, 노주특곡주, 공부가주, 소흥주 등이 있습니다.

有茅台酒, 五粮液酒, 竹叶青酒, 芦州特曲, 孔府家酒, 绍兴酒等.

yǒu máo tái jiǔ, wǔ liáng yè jiǔ, zhú yè qīng jiǔ, lú zhōu tè qǔ, kǒng fǔ jiā jiǔ, shào xìng jiǔ děng.

요우 마오 타이 지우, 우 량 예 지우, 주 예 칭 치우, 루 저우 터 취, 콩 푸 지아 지우, 사오 씽 지우 덩.

B   공부가주를 주세요. 얼마입니까?

给我孔府家酒. 多少钱?

gěi wǒ kǒng fǔ jiā jiǔ. duō shǎo qián?

게이 워 콩 푸 지아 지우. 뚸 사오 치엔?

C   200원입니다.

两百元.

liǎng bǎi yuán.

량 빠이 위엔.

B   신용카드도 받으시나요?

收信用卡吗?

shōu xìn yòng kǎ ma?

서우 씬 융 카 마?

C   예.

收.

shōu.

서우.

B   여기 있습니다.

给你.

gěi nǐ.

게이 니.

- 中国传统酒 zhōng guó chuán tǒng jiǔ, 중 귀 촨 퉁 지우

  명 중국 전통주

- 层 céng 청 명 층

- 朋友 péng yǒu 펑 여우 명 친구

- 们 men 먼 접 들

- 茅台酒 máo tái jiǔ 마오 타이 지우 명 모태주

- 五粮液酒 wǔ liáng yè jiǔ 우 량 예 지우 명 오량액주

- 竹叶青酒 zhú yè qīng jiǔ 주 예 칭 지우 명 죽엽청주

- 芦州特曲 lú zhōu tè qǔ 루 저우 터 취 명 노주특곡주

- 孔府家酒 kǒng fǔ jiā jiǔ 콩 푸 지아 지우 명 공부가주

- 绍兴酒 shào xing jiǔ 사오 씽 지우 명 소홍주

중국술을 파는 가게

귀금속 가게

A   무엇을 드릴까요?

您买什么?

nín mǎi shén me?

닌 마이 선 머?

B   먼저 좀 봅시다!

先要看一看!

xiān yào kàn yī kàn!

씨엔 야오 칸 이 칸!

A   좋습니다! 어서 구경하세요.

好啊! 您看吧.

hǎo ā! nín kàn ba.

하오 아! 닌 칸 빠.

B   이 팔찌에 박혀 있는 것이 무슨 보석이죠?

这个手镯嵌着什么宝石吗?

zhè gè shǒu zhuó qiàn zhe shén me bǎo shí ma?

저 꺼 서우 주어 치엔 저 선 머 빠오 스 마?

A   이것은 루비입니다.

这是红宝石.

zhè shi hóng bǎo shí.

저 스 홍 빠오 스.

B   모조품 아니에요?

是不是仿造品吗?

shì bú shì fǎng zào pǐn ma?

스 부 스 팡 짜오 핀 마?

A   저희 상점에서 가짜는 팔지 않습니다.

我们店绝不卖假的.

wǒ men diàn jué bú mài jiǎ de.

워 먼 띠엔 쥐에 부 마이 지아 더.

B   이것은 어떻게 팝니까?

这个怎么卖?

zhè gè zěn me mài?

저 거 쩐 머 마이?

A   800원입니다.

八百元.

bā bǎi yuán.

빠 빠이 위엔.

B   너무 비싸요! 좀 싸게 해주세요.

太贵了! 算便宜一点儿吧.

tài guì le! suàn piàn yí yī diàn ér ba.

타이 꾸이 러! 쏸 피엔 이 이 띠엔 얼 빠.

A 좋아요. 10퍼센트 할인해 드리면 되겠죠!

好的. 打九折行了吧!

hǎo de. dǎ jiǔ zhé xíng le ba!

하오 더. 따 지우 저 씽 러 빠!

B 만약에 내 여자 친구가 마음에 안 들어 하면 바꿀 수 있나요?

如果我女朋友不喜欢, 可以还吗?

rú guǒ wǒ nǚ péng yǒu bú xǐ huān, kě yǐ huán ma?

루 궈 워 뉘 펑 여우 부 씨 환, 커이 환 마?

A 10일 전까지는 가능합니다. 단 영수증을 꼭 지참하세요.

十天之內可以. 但一定要带收据.

shí tiān zhī nèi kě yǐ. dàn yī dìng yào dài shōu jù.

스 티엔 즈 네이 커 이. 딴 이 띵 야오 따이 서우 쥐.

B 알겠습니다, 영수증과 보증서를 주세요.

知道了, 请给我收据和保证书.

zhī dào le, qǐng gěi wǒ shōu jù he bǎo zhèng shū.

즈 따오 러, 칭 께이 워 서우 쥐 허 빠오 정 수.

- **手镯** shǒu zhuó 서우 주어 图 팔찌, 수갑
- **嵌** qiàn 치엔 图 박아 넣다
- **宝石** bǎo shí 빠오 스 图 보석
- **红宝石** hóng bǎo shí 홍 빠오 스 图 홍옥, 루비
- **仿造品** fǎng zào pǐn 팡 짜오 핀 图 모조품
- **绝** jué 쥐에 图图 절대로, 결코
- **假的** jiǎ de 지아 더 图 가짜
- **打九折** dǎ jiǔ zhé 타 지우 저 图 10퍼센트 할인
- **还** huán 환 图图 아직, 여전히, 반환하다
- **收据** shōu jù 서우 쥐 图 영수증
- **保证书** bǎo zhèng shū 빠오 정 수 图 보증서

관련 단어

- **纯金** chún jīn 춘 진 图 순금
- **象牙** xiàng yá 씨앙 야 图 상아
- **戒指** jiè zhǐ 지에 즈 图 반지
- **项链** xiàng liàn 씨앙 리엔 图 목걸이
- **玉** yù 위 图 옥
- **珍珠** zhēn zhū 전 주 图 진주
- **翡翠** fěi cuì 페이 추이 图 비취

- **大理石** dà lǐ shí 따 리 스 몡 대리석

- **银手工艺品** yín shǒu gōng yì pǐn 인 소우 꽁 이 핀
  몡 은 세공품

- **天然宝石** tiān rán bǎo shí 티엔 란 빠오 스 몡 천연 보석

- **漆器** qī qì 치 치 몡 칠기

- **耳环** ěr huán 얼 환 몡 귀걸이

- **虎眼石** hǔ yǎn shí 후 이엔 스 몡 호안석

▎ 가격 흥정

A 이 물건은 아주 맘에 드는데, 너무 비싸요. 할인이 안 됩니까?

这东西很喜欢，不过太贵了．不能打折吗?

zhè dōng xī hěn xǐ huān, bú guò tài guì le. bú néng dǎ zhé ma?

저 똥 씨 헌 씨 환, 부 꿔 타이 꾸이 러. 부 넝 따 저 마?

B 얼마면 사실 수 있겠어요?

你想出多少钱?

nǐ xiǎng chū duō shǎo qián?

니 씨앙 추 뚸 사오 치엔?

A 만약에 30퍼센트 할인해 주면 사겠어요.

如果打七折，我就买.

rú guǒ dǎ qī zhé, wǒ jiù mǎi.
루 꿔 따 치 저, 워 지우 마이.

B 그 가격에 드리면 제가 밑집니다.

这个价格给你，我就亏本儿了.

zhè gè jià gé gěi nǐ, wǒ jiù kuī běn ér le.
저 거 지아 거 게이 니, 워 지우 쿠이 번 얼 러.

A 그럼 얼마면 안 밑지는데요?

那什么价格你不赔本儿?

nà shén me jià gé nǐ bú péi běn ér?
나 선 머 지아 거 니 부 페이 뻔 얼?

B 10퍼센트만 할인하면 바로 팔겠습니다.

打九折，我就卖.

dǎ jiǔ zhé, wǒ jiù mài.
따 지우 저, 워 지우 마이.

A 조금만 더 싸게 해주세요. 지금 돈이 없네요.

再便宜一点儿吧. 现在没有钱.

zài pián yí yī diǎn ér ba. xiàn zài méi yǒu qián.
짜이.피엔 이 이 띠엔 얼 빠. 씨엔 짜이 메이 요우 치엔.

B   좋아요, 더 싸게 드리지요. 20퍼센트 할인해 드리면 되겠습니까?

好了，算你便宜. 给你打八折怎么样?

hǎo le, suàn nǐ pián yí. gěi nǐ dǎ bā zhé zèn me yàng?

하오 러, 쏸 니 피엔 이. 게이 니 따 빠 저 쩐 머 양?

A   그래도 비싸네요. 좀 더 싸게 해주세요.

还是贵，请再便宜点儿，好不好.

hái shì guì, qǐng zài pián yí diǎn ér, hǎo bú hǎo.

하이 스 꾸이, 칭 짜이 피엔 이 띠엔 얼, 하오 부 하오.

B   더 싸게는 할 수 없고, 대신 예물 하나 더 드리겠습니다!

再不能便宜了，但送您一个礼物吧!

zài bú néng pián yí le, dàn sòng nín yī gè lǐ wù ba!

짜이 부 넝 피엔 이 러, 딴 쏭 닌 이 거 리 우 빠!

A   좋아요, 사겠습니다.

好了，我要了.

hǎo le, wǒ yào le.

하오 러, 워 야오 러.

- **打折** dǎ zhé 따 저 동 할인

- **打七折** dǎ qī zhé 따 치 저 30퍼센트 할인

- **价格** jià gé 지아 꺼 명 가격

- **亏本** kuī běn 쿠이 번 동 본전을 까먹다, 밑지다

- **算** suàn 쏸 동명 계산하다, 셈하다

- **打八折** dǎ bā zhé 따 빠 저 20퍼센트 할인

- **送** sòng 쏭 동 보내다, 주다, 선사하다

포장과 배달

A 이 물건을 사면 무료로 포장해 주실 수 있나요?

我买这件东西, 能免费包装吗?

wǒ mǎi zhè jiàn dōng xī, néng miǎn fèi bāo zhuāng ma?
워 마이 저 지엔 똥 씨, 넝 미엔 페이 빠오 좡 마?

B 포장은 무료입니다.

包装免费.

bāo zhuāng miǎn fèi.
빠오 좡 미엔 페이.

A 선물할 것이니, 예쁘게 포장해 주세요. 이 물건을
집까지 배달해 줍니까?

这是要送人的, 请包装得好看一点儿.
能送东西到家吗?

zhè shì yào sòng rén de, qǐng bāo zhuāng dé hǎo kàn yī
diàn ér. néng sòng dōng xī dào jiā ma?

저 스 야오 쏭 런 더, 칭 빠오 쫭 더 하오 칸 이 띠엔 얼. 넝
쏭 똥 씨 따오 지아 마?

B 가능합니다. 그러나 배달 비용을 지불해야 합니다.

可以. 但需要付钱.

kě yǐ. dàn xū yào fù qián.

커이. 딴 쉬 야오 푸 치엔.

A 배달비는 얼마예요?

送东西费, 是多少?

sòng dōng xī fèi, shì duō shǎo?

쏭 똥 씨 페이, 스 뚸 사오?

B 시내면 30원을 받습니다.

市内收三十元.

shì nèi shōu sān shí yuán.

스 네이 소우 싼 스 위엔.

A 오늘 안에 배달이 됩니까?

今天可以送到吗?

jīn tiān kě, yǐ sòng dào ma?
진 티엔 커 이 쏭 따오 마?

B   오늘은 조금 어려울 것 같습니다.

今天可能有点儿困难.

jīn tiān kě néng yǒu diǎn ér kùn nán.
진 티에 커 넝 여우 띠엔 얼 쿤 난.

A   여기 제 주소입니다. 되도록 빨리 배달해 주세요.

这是我的地址. 请尽量快一点.

zhè shì wǒ de dì zhǐ. qǐng jìn liàng kuài yī diǎn.
저 스 워 더 띠 즈. 칭 진 량 콰이 이 띠엔.

B   알겠습니다.

知道了.

zhī dào le.
즈 따오 러.

배달의 대중 수단 오토바이들

새로운 단어

- **免费** miǎn fèi 미엔 페이 〔동〕 무료로 하다
- **包装** bāo zhuāng 빠오 좡 〔동〕〔명〕 포장하다
- **送人** sòng rén 쏭 런 〔동〕 전송하다, 기증하다
- **送东西费** sòng dōng xī fèi 쏭 똥 씨 페이 배달비
- **市内** shì nèi 스 네이 〔명〕 시내
- **收** shōu 소우 〔동〕 거두다, 받다
- **困难** kùn nán 쿤 난 〔명〕〔형〕 곤란, 곤란하다, 어렵다
- **地址** dì zhǐ 띠 즈 〔명〕 주소
- **尽量** jìn liàng 진 량 〔부〕 가능한 한, 되도록
- **快** kuài 콰이 〔형〕〔부〕 빠르다, 빨리

교환과 환불

A 이 물건을 어제 샀는데, 교환할 수 있습니까?

这东西昨天买的, 可以换吗?

zhè dōng xī zuó tiān mǎi de, jiā yǐ huàn ma?
저 똥 씨 쭤 티엔 마이 더, 커 이 환 마?

B 무슨 문제라도 있습니까?

有什么问题吗?

yǒu shén me wèn tí ma?
요우 선 머 원 티 마?

A 색상이 맘에 안 드네요. 좀 더 밝은 것으로 바꿀 수 있을까요?

颜色不太喜欢. 能不能换一个鲜艳一点儿的?

yán sè bú tài xǐ huān. néng bú néng huàn yī gè xiān yàn yī diǎn ér de?

이엔 써 부 타이 씨 환. 넝 부 넝 환 이 거 씨엔 이엔 이 띠엔 얼 더?

B 그럼 어떤 색으로 하시게요? 골라보세요.

那您要什么颜色? 来挑一下吧.

nà nín yào shén me yán sè? lái tiāo yī xià ba.

나 닌 야오 선 머 이엔 써? 라이 탸오 이 씨아 빠.

A 현재 마음에 드는 것이 없으니, 반품할 수 있을까요?

现在没有一个入眼的, 只能退吗?

xiàn zài méi yǒu yī gè rù yǎn de, zhī néng tuì ma?

씨엔 짜이 메이 요우 이 거 루 이엔 더, 즈 넝 투이 마?

B 일주일 이내면 반품하셔도 됩니다. 환불해 드리겠습니다.

一个星期内可以退. 给您退款吧.

yī gè xīng qī nèi kě yǐ tuì. gěi nín tuì kuǎn ba.

이 거 씽 치 네이 커이 투이. 게이 닌 투이 콴 빠.

- 昨天 zuó tiān 쮀 티엔 명 어제

- 换 huàn 환 동 교환하다

- 问题 wèn tí 원 티 명 문제

- 颜色 yán sè 이엔 써 명 색채

- 挑 tiāo 탸오 동 선택하다

- 入眼 rù yǎn 루 이엔 동 눈에 들다, 마음에 들다

- 退 tuì 투이 동 물러서다, 반환하다

- 星期 xīng qī 씽 치 명 주, 요일

- 退款 tuì kuǎn 투이 꽌 명 환불

토산품 가게

中國語

07

교통

시내버스

A   말씀 좀 여쭙겠습니다, 버스 정류장이 어디 있습니까?

请问, 公共汽车站在那儿?

qǐng wèn, gōng gòng qì chē zhàn zài nǎ ér?

칭 원, 꿍 꿍 치 처 잔 짜이 나 얼?

B   길 저쪽으로 가서 타십시오

到马路那边坐车.

dào mǎ lù nà biān zuò chē.

따오 마 루 나 삐엔 쭤 처.

A   춘희로를 가려면 몇 번 버스를 타야 합니까?

到春熙路要坐几路车?

dào chūn xī lù yào zuò jǐ lù chē?

따오 춘 씨 우 야오 쭤 지 루 처?

B   1번과 5번 모두 갑니다.

坐1路和坐5路都可以.

zuò yī lù hé zuò wǔ lù dōu kě yǐ.

쭤 이 루 허 쭤 우 루 떠우 커 이.

A   이 버스 춘희로 갑니까?

这路车到春熙路吗?

zhè lù chē dào chūn xī lù ma?

저 루 처 따오 춘 씨 루 마?

C 갑니다, 타세요.

到, 请上车.

dào, qǐng shàng chē.

따오, 칭 상 처.

A 여기서 춘희로까지 요금이 얼마죠?

从这儿到春熙路多少钱?

cóng zhè ér dào chūn xī lù duō shǎo qián?

총 저 얼 따오 춘 씨 루 뚸 사오 치엔?

C 1원입니다.

一元.

yī yuán.

이 위엔.

A 표 한 장 주세요. 춘희로에 도착하면 제게 알려주세요.

**给我一张票. 到了春熙路, 请您告诉
我吧!**

gěi wǒ yī zhāng piào. dào le chūn xī lù, qǐng nín gào sù
wǒ ba!

게이 워 이 장 파오. 따오 러 춘 씨 루, 칭 닌 까오 쑤 워 빠!

C 춘희로에 도착했습니다. 내리세요!

春熙路到了. 请下车!

chūn xī lù dào le. qǐng xià chē!

춘 씨 루 따오 러. 칭 씨아 처!

- 公共汽车站 gōng gòng qì chē 꿍 꿍 치 처 버스 정류장
- 坐车 zuò chē 쮜 처 차를 타다
- 春熙路 chūn xī lù 춘 씨 루 춘희로, 성도 최대 번화가
- 上车 shàng chē 상 처 차를 타다
- 从 cóng 총 ~부터
- 到 dào 따오 ~까지, 도착하다
- 下车 xià chē 씨아 처 하차하다

시외버스

A   남경행 버스는 얼마입니까?

去南京要多少钱?

qù nán jīng yào duō shǎo qián?
취 난 징 양 뚸 사오 치엔?

B   70원입니다.

七十块钱.

qī shí kuài qián.
치 스 콰이 치엔.

A 남경행 버스는 몇 시간에 한 대씩 옵니까?

到南京去的车隔几个小时来一趟?

dào nán jīng qù de chē gé jǐ gè xiǎo shí lái yī tàng?

따오 난 징 취 더 처 거 지 거 쌰오 스 라이 이 탕?

B 두 시간에 한 대씩 있습니다.

两个小时一趟.

liǎng gè xiǎo shí yī tàng.

량 거 쌰오 스 이 탕.

A 남경으로 가려면 어느 승차장에서 타야 합니까?

去南京在哪一个站台上车?

qù nán jīng zài nǎ yī gè zhàn tái shàng chē?

취 난 징 짜이 나 이 거 잔 타이 상 처?

B 3번 승차장입니다.

3号站台.

sān hào zhàn tái.

싼 하오 잔 타이.

A 언제 출발합니까?

什么时候出发?

shén me shí hòu chū fā?

선 머 스 호우 추 파?

B   사람이 다 차면 출발합니다.

人坐满了, 车才会出发.

rén zuò mǎn le, chē cái huì chū fā.

런 쭤 만 러, 처 차이 후이 추 파.

새로운 단어

- **长途汽车站** cháng tú qì chē zhàn 창 투 치 처 잔
  명 시외버스 정류장, 장거리 버스 정류장

- **南京** nán jīng 난 징 명 남경

- **隔** gé 꺼 동 사이를 두다, 간격을 두다

- **小时** xiǎo shí 샤오 스 명 시간

- **趟** tàng 탕 차례, 번

- **站台** zhàn tái 잔 타이 명 플랫폼, 승강장

- **出发** chū fā 추 파 명동 출발, 출발하다

- **坐满** zuò mǎn 쭤 만 꽉 차다

- **才** cái 차이 부 비로소, 고작

▌지하철

A   말씀 좀 여쭙겠습니다, 북경역에 가려면 지하철 몇
    호선을 타야 하나요?

请问，去北京站坐几号线地铁?

qǐng wèn, qù běi jīng zhàn zuò jǐ hào xiàn dì tiě?

칭 원, 취 베이 징 잔 쭤 지 하오 씨엔 띠 티에?

B   여기서 2호선을 타시면 됩니다.

这儿坐2号线.

zhè ér zuò èr hào xiàn.

저 얼 쭤 얼 하오 씨엔.

A   매표소는 어디에 있나요?

售票处在哪儿?

shòu piào chù zài nǎ ér?

소우 퍄오 추 짜이 나 얼?

B   바로 앞쪽에 있습니다.

就在前边儿.

jiù zài qián biān ér.

지우 짜이 치엔 삐엔 얼.

A   지하철 표 한 장만 주세요. 얼마예요?

给我一张地铁票. 多少钱?

gěi wǒ yī zhāng dì tiě piào. duō shǎo qián?

게이 워 이 장 띠 티에 퍄오. 뛰 사오 치엔?

C 한 장에 3원입니다.

一张三块.

yī zhāng sān kuài.

이 장 싼 콰이.

A 여기에서 북경역까지 몇 정거장 가야 합니까?

从这我到北京站要坐几站?

cóng zhè wǒ dào běi jīng zhàn yào zuò jǐ zhàn?

총 저 워 따오 베이 징 잔 야오 쭤 지 잔?

C 다섯 정거장을 가야 합니다.

要去五个站.

yào qù wǔ gè zhàn.

야 취 우 거 잔.

A 대략 시간은 얼마나 걸리나요?

大概多长时间能到?

dà gài duō zhǎng shí jiān néng dào?

따 까이 뚸 장 스 지엔 넝 따오?

C 10분 정도 걸립니다.

十分钟左右.

shí fēn zhōng zuǒ yòu.

스 펀 중 쭤 여우.

A 북경역 쪽으로 나가는 출구가 어디입니까?

到北京站的出口在哪儿?

dào běi jīng zhàn de chū kǒu zài nǎ ér?

따오 베이 징 잔 더 추 커우 짜 나 얼?

C 1호 출구로 나가시면 됩니다.

就去1号出口.

jiù qù yī hào chū kǒu.

지우 취 이 하오 추 커우.

새로운 단어

- **北京站** běi jīng zhàn 베이 징 잔 명 북경역
- **几号线** jǐ hào xiàn 지 하오 시엔 명 몇 호선
- **地铁** dì tiě 띠 티에 명 지하철
- **售票处** shòu piào chù 소우 퍄오 추 명 매표소
- **就** jiù 지우 부 바로, 곧
- **前边** qián biān 치엔 삐엔 명 앞쪽
- **出口** chū kǒu 추 커우 명 출구

■ 택시

A 어디로 가십니까?

您去哪儿?

nín qù nǎ ér?

닌 취 나 얼?

B 공항으로 가주세요! 죄송하지만 제 가방을 트렁크
   에 실어주시겠어요?

**请到机场吧! 麻烦你, 我的包放在后
备箱里吗?**

qǐng dào jī chǎng ba! má fán nǐ, wǒ de bāo fàng zài hòu
bèi xiāng lǐ ma?

칭 따오 지 창 빠! 마 판 니, 워 더 빠오 팡 짜이 호우 뻬이
씨앙 리 마?

A 좋습니다.

好的.

hǎo de.

하오 더.

B 공항까지 대략 얼마나 나옵니까?

到机场大概需要多少钱?

dào jī chǎng dà gài xū yào duō shǎo qián?

따오 지 창 따 까이 쉬 야오 뚸 사오 치엔?

A 요금계산기에 표시가 될 것입니다.

计价器上会有显示.

jì jià qì shàng huì yǒu xiǎn shì.

지 지아 치 상 후이 요우 씨엔 스.

B 좋습니다, 갑시다! 공항까지 얼마나 걸리죠?

好, 开车吧! 到机场需要多长时间?

hǎo, kāi chē ba! dào jī chǎng xū yào duō zhǎng shí jiān?

하오, 카이 처 빠! 따오 지 창 쒸 야오 뛰 장 스 지엔?

A 지금 출근 러시아워 시간이라 적어도 한 시간은 걸릴 것 같습니다.

现在是上班高峰期, 起码需要一个小时.

xiàn zài shì shàng bān gāo fēng qī, qǐ mǎ xū yào yī gè xiǎo shí.

씨엔 짜이 스 상 빤 까오 펑 치, 치 마 쒸 야오 이 거 쌰오 스.

B 번거롭겠지만 시간이 없는데, 좀 더 빨리 갈 수 있을까요?

麻烦你, 我赶时间, 您能再快一点儿吗?

má fán nǐ, wǒ gǎn shí jiān, nín néng zài kuài yī diǎn ér ma?

마 판 니, 워 깐 스 지엔, 닌 넝 짜이 콰이 이 띠엔 얼 마?

A 알겠습니다.

知道了.

zhī dào le.

즈 따오 라.

B 돌아가지 말고 지름길로 가주세요.

您不要绕路, 请走最近的路.

nín bú yào rào lù, qǐng zǒu zuì jìn de lù.

닌 부 야오 라오 루, 칭 쭤 쭈이 진 더 루.

A 걱정하지 마세요. 도착했습니다. 100원입니다.

别担心. 到了. 一佰块钱.

bié dān xīn. dào le. yī bǎi kuài qián.

삐에 딴 씬. 따오 러. 이 빠이 콰이 치엔.

B 여기 있습니다.

给你.

gěi nǐ.

게이 니.

새로운 단어

- **机场** jī chǎng 지 창 ⑲ 비행장

- **放在** fàng zài 팡 짜이 ~에 놓다.

- **后备箱** hòu bèi xiāng 호우 뻬이 씨앙 ⑲ 뒤 트렁크

- **计价器** jì jià qì 지 지아 치 ⑲ 요금계산기

- **显示** xiǎn shì 시엔 스 ⑧ 보이다, 표시되다

- **开车** kāi chē 카이 처 ⑧ 차를 몰다

- **现在** xiàn zài 시엔 짜이 ⑲ 현재

- **上班高峰期** shàng bān gāo fēng qī 상 빤 까오 펑 치
  출근 절정기, 러시아워
- **起码** qǐ mǎ 치 마 명부 최저한도
- **赶时间** gǎn shí jiān 깐 시 지엔 시간을 재촉하다, 촉박하다
- **绕路** rào lù 라오 루 동 돌아가다
- **最近的路** zuì jìn de lù 쭈이 진 더 루 가장 가까운 길, 지름길

기차

A 열차 매표소가 어딥니까?

火车售票处在哪儿?

huǒ chē shòu piào chù zài nǎ ér?
훠 처 소우 퍄오 추 짜이 나 얼?

B 뒤쪽의 창구입니다.

在后面的窗口.

zài hòu miàn de chuāng kǒu.
짜이 호우 미엔 더 촹 커우.

A 오늘 밤 광주로 가는 기차가 있습니까?

今天晚上有去广州的火车吗?

jīn tiān wǎn shàng yǒu qù guǎng zhōu de huǒ chē ma?
진 티엔 완 상 여우 취 꽝 저우 더 훠 처 마?

B   있습니다. 어떤 표를 원하세요? 특급열차요 아니면
     보통열차요? 딱딱한 좌석 또는 부드러운 좌석인가
     요, 아니면 침대칸입니까?

有. 你要什么样的票? 特快列车还是 普通列车? 而且要硬座, 软座, 还是硬 卧, 软卧?

yǒu. nǐ yào shén me yàng de piào? tè kuài liè chē hái shì
pǔ tōng liè chē? ér qiě yào yìng zuò, ruǎn zuò, hái shì
yìng wò, ruǎn wò?

요우. 니 야오 선 머 양 더 퍄오? 터 콰이 리에 처 하이 스 푸 통
리에 처? 얼 치에 야오 잉 쭤, 루안 쭤, 하이 스 잉 워, 루안 워?

A   저는 특급열차의 침대칸을 원합니다. 얼마입니까?

我要特快的软卧. 多少钱?

wǒ yào tè kuài de ruǎn wò. duō shǎo qián?

워 야오 터 콰이 더 루안 워. 뚸 사오 치엔?

B   150원입니다.

一佰五十块钱.

yī bǎi wǔ shí kuài qián.

이 빠이 우 스 콰이 치엔.

C   광주로 가는 33호 특급열차의 개찰이 시작되었습
     니다.

开往广州去的三十三特快列车开始 检票.

kāi wǎng guǎng zhōu qù de sān shí sān tè kuài liè chē
kāi shǐ jiǎn piào.
카이 왕 꽝 저우 취 더 싼 스 싼 터 콰이 리에 처 카이 스 지엔
파오.

A 여기 표가 있습니다. 식당칸은 몇 호 차에 있습니까?

这儿有票. 餐厅在几号车厢?

zhè ér yǒu piào. cān tīng zài jǐ hào chē xiāng?
저 얼 요우 퍄오. 찬 팅 짜이 지 하오 처 씨앙?

B 식당칸은 열차의 중간에 있습니다.

餐厅在车厢的中间.

cān tīng zài chē xiāng de zhōng jiān.
찬 팅 짜이 처 씨앙 더 중 지엔.

새로운 단어

- **火车** huǒ chē 휘 처 몡 열차
- **后面** hòu miàn 호우 미엔 몡 뒤, 뒤쪽
- **窗口** chuāng kǒu 창 커우 몡 창구
- **特快列车** tè kuài liè chē 터 쿠아이 리에 처 몡 특급열차
- **普通列车** pǔ tōng liè chē 푸 퉁 리에 처 몡 보통열차
- **硬座** yìng zuò 잉 쭤 몡 딱딱한 좌석
- **软座** ruǎn zuò 루안 쭤 몡 폭신한 좌석

- **硬卧** yìng wò 잉 워 명 딱딱한 침대
- **软卧** ruǎn wò 루안 워 명 폭신한 침대
- **开始** kāi shǐ 카이 스 동 개시하다
- **检票** jiǎn piào 지엔 퍄오 동 개찰하다, 검표하다
- **车厢** chē xiāng 처 씨앙 명 객실, 찻간

국제공항

고속열차 객실 좌석

인력거

A   중산공원이 비교적 가까운데, 우리 인력거나 영업
     용 오토바이를 타고 가요.

**中山公园比较近，我们坐三轮车或者
坐摩托车吧.**

zhōng shān gōng yuán bǐ jiào jìn, wǒ men zuò sān lún
chē huò zhě zuò mó tuō chē ba.

중 싼 꿍 위엔 삐 쟈오 진, 워 먼 쭤 싼 룬 처 훠 저 쭤 모
튀 처 빠.

B   좋아요, 인력거를 탑시다. 중산공원에 가려는데 가
     격이 얼마입니까?

**好的，坐三轮车吧. 我要去中山公园,
多少钱啊?**

hǎo de, zuò sān lún chē ba. wǒ yào qù zhōng shān gōng
yuán, duō shǎo qián ā?

하오 더, 쭤 싼 룬 처 빠. 워 야오 취 중 싼 꿍 위엔, 뛰 사오
치엔 아?

C   5원입니다.

就五块钱.

jiù wǔ kuài qián.

지우 우 콰이 치엔.

B 아주 가까운데, 좀 싸게 해주시겠어요?

很近的，可以便宜一点儿吗?

hěn jìn de, kě yǐ piàn yí yī diàn ér ma?

헌 진 더, 커이 이 피엔 이 이 띠엔 얼 마?

C 좋습니다, 그러면 4원만 내세요.

好的，那么给我四块钱.

hǎo de, nà me gěi wǒ sì kuài qián.

하오 더, 나 머 게이 워 쓰 콰이 치엔.

새로운 단어

- **中山公园** zhōng shān gōng yuán 중 싼 꿍 위엔　명 중산공원
- **近** jìn 진　형 가깝다
- **三轮车** sān lún chē 싼 룬 처　명 인력거
- **或者** huò zhě 훠 저　접 혹은
- **摩托车** mó tuō chē 모 퉈 처　명 오토바이

▌ 비행기 표 예매

A 비행기 표를 예매하고 싶습니다. 3월 3일, 북경에서
상해로 가는 편입니다.

我想订机票. 3月3号, 从北京到上海的.

wǒ xiǎng dìng jī piào. sān yuè sān hào, cóng běi jīng dào
shàng hǎi de.

워 씨앙 띵 지 파오. 싼 위에 싼 하오, 총 베이 징 따오 상 하이 더.

B 있습니다. 오전 10시와 오후 3시편이 있습니다.

有的. 有上午十点和下午三点的.

yǒu de. yǒu shàng wǔ shí diǎn hé xià wǔ sān diǎn de.

요우 더. 요우 상 우 스 띠엔 허 씨아 우 싼 띠엔 더.

A 오후 3시편으로 하겠습니다.

我要下午三点的.

wǒ yào xià wǔ sān diǎn de.

워 야오 씨아 우 싼 띠엔 더.

B 당신은 비즈니스석을 원하십니까 아니면 이코노미
석을 원하십니까?

你要商务舱还是经济舱?

nǐ yào shāng wù cāng hái shì jīng jì cāng?

니 야오 상 우 창 하이 스 징 지 창?

A 비즈니스석으로 주세요.

我要商务舱.

wǒ yào shāng wù cāng.

워 야오 상 우 창.

B 알겠습니다. 왕복입니까 편도입니까?

知道了. 要往返的还是单程的?

zhī dào le. yào wǎng fǎn de hái shì dān chéng de?

즈 따오 러. 야오 왕 판 더 하이 스 딴 청 더?

A 왕복으로 주세요

我要往返的.

wǒ yào wǎng fǎn de.

워 야오 왕 판 더.

B 성함을 말씀해 주세요.

告诉我您的姓名.

gào sù wǒ nín de xìng míng.

까오 쑤 워 닌 더 씽 밍.

A 김영웅입니다. 영문으로 kim young ung입니다.

我叫金英雄. 英文是 kim young ung.

wǒ jiào jīn yīng xióng. yīng wén shì kim young ung.

워 쟈오 진 잉 쓩. 잉 원 스 kim young ung.

B 좋습니다. 예약되었습니다. 출발 전까지 찾아가십
시오.

好的. 已经订好了. 出发前来取吧.

hǎo de. yǐ jīng dìng hǎo le. chū fā qián lái qǔ ba.
하오 더. 이 징 띵 하오 러. 추 파 치엔 라이 취 빠.

A 감사합니다, 오늘 찾으러 가겠습니다.

谢谢, 我今天取去吧.

xiè xiè, wǒ jīn tiān qǔ qù ba.
씨에 씨에, 워 진 티엔 취 취 빠.

새로운 단어

- 机票 jī piào 지 퍄오 몡 비행기 표
- 上海 shàng hǎi 상 하이 몡 상해
- 上午 shàng wǔ 상 우 몡 상오, 오전
- 下午 xià wǔ 씨아 우 몡 하오, 오후
- 商务舱 shāng wù cāng 상 우 창 몡 비즈니스석
- 经济舱 jīng jì cāng 징 지 창 몡 이코노미석
- 往返 wǎng fǎn 왕 판 동 왕복하다
- 单程 dān chéng 단 청 몡 편도

■ 비행기 탑승 수속

A 여기서 상해행 탑승 수속을 합니까?

这里办去上海的登机手续吗?

zhè lǐ bàn qù shàng hǎi de dēng jī shǒu xù ma?

저 리 빤 취 상 하이 더 떵 지 소우 쒸 마?

B 그렇습니다, 여권과 비행기 표를 보여주십시오. 짐을 부치시겠습니까?

是的, 给我看一下您的护照和机票.
你要托运行李吗?

shì de, gěi wǒ kàn yī xià nín de hù zhào hé jī piào. nǐ yào tuō yùn xíng lǐ ma?

스 더, 게이 워 칸 이 씨아 닌 너 후 사오 허 시 퍄오. 니 야오 퉈 윈 씽 리 마?

A 여기 있습니다. 짐이 많은데 중량을 초과하면 어쩌죠?

给您. 行李多, 超重怎么办?

gěi nín. xíng lǐ duō, chāo zhòng zěn me bàn?

게이 닌. 씽 리 뭐, 차오 중 쩐 머 빤?

B 초과되면 요금을 더 내셔야 합니다.

超重的话, 要付超重费.

chāo zhòng de huà, yào fù chāo zhòng fèi.

차오 중 더 화, 야오 푸 차오 중 페이.

A 알겠습니다. 그렇다면 가방 두 개는 부치고 하나는 들고 가겠습니다.

好的. 这样的话, 两件托运的, 一件随
身携带的.

hǎo de. zhè yàng de huà, liǎng jiàn tuō yùn de, yī jiàn
suí shēn xié dài de.

하오 더. 저 양 더 화, 량 지엔 퉈 윈 더, 이 지엔 쑤이 선 씨에
따이 더.

B 어떤 위치의 좌석을 원하십니까?

你要那个位置的座位?

nǐ yào nà gè wèi zhì de zuò wèi?

니 야오 나 거 웨이 즈 더 쭤 웨이?

A 창문 쪽 좌석으로 주세요.

我要靠窗的座位.

wǒ yào kào chuāng de zuò wèi.

워 야오 카오 촹 더 쭤 웨이.

새로운 단어

登机 dēng jī 떵 지 통 탑승하다	
手续 shǒu xù 서우 쉬 명 수속	
随身 suí shēn 쑤이 선 통 몸에 지니다	
携带 xié dài 씨에 따이 통 휴대하다	
靠 kào 카오 통 기대다, 가깝다	
座位 zuò wèi 쭤 웨이 명 좌석	

중국의 기념일과 명절

기념일

노동절劳动节(láodòngjie, 라오똥지에) : 양력 5월 1일

국제 노동절이다. 우리나라 근로자의 날에 해당한다.
통상적으로 5월 1일이라서 '오일절五一节(wǔyījie, 우이
지에)이라고 부른다. 일반적으로 4~5일 정도 넉넉하
게 휴가를 준다. 따라서 이 기념일을 전후로 여행을
떠나거나 물건을 구매하는 사람들이 많다.

국경절国庆节(guóqingjie, 꿔칭지에) : 양력 10월 1일

중화인민공화국의 건국 기념일이다. 음력설을 제외하
고 실질적으로 노동절과 더불어 중국에서 가장 큰 기
념일이다. 역시 5~6일 정도 휴가를 준다.

전통 명절

원단元旦(yuándàn, 위엔딴) : 양력 1월 1일

일 년 중 가장 으뜸이 되는 날이라 원단이라고 부른다.
이날은 일 년 동안의 화나 잡귀를 쫓기 위해서 폭죽爆竹(bà
ozhu, 빠오쥬)을 터뜨리고, 상점이나 가정의 문과 벽마다
너도 나도 복福(fú, 푸) 자를 장식한다. 경우에 따라 거꾸로
달아두기도 하는데, 복은 하늘에서 떨어진다고 믿기 때문
이다. 이날에 물만두인 교자饺子를 먹는 관습이 있다.

춘절春节(chūnjié, 춘지에) : 음력 1월 1일
구정이다. 중국의 명절 중에서 규모도 가장 크고 휴가 기간도 가장 길다. 사람들은 전국 각지에서 일을 하다가도 이날이 되면 반드시 고향으로 돌아가서 명절을 지낸다. 이날은 한 해의 복과 소원을 기원하며 집안의 평안을 기원하는 글귀인 춘련春联(chūnlián, 춘리엔)을 붙이고 요란한 폭죽놀이를 한다. 집안에서 각종 풍성한 요리를 마련하여 친척과 가족들이 모여 즐긴다.

원소절元宵节(yuánxiāojié, 위엔쌰오지에) : 음력 1월 15일
정월 대보름이다. 일 년 중 달이 가장 밝은 날이라는 의미이며, 이날에는 탕원汤圆(tāngyuán, 탕위엔)이라는 만두처럼 생긴 떡국을 먹는 관습이 있다.

청명절清明节(qīngmíngjié, 칭밍지에)과 한식寒食(hánshí, 한스) : 양력 4월 5일 전후
청명절은 24절기의 하나이며 동지冬至 후 100일째 되는 날로, 조상의 묘를 참배하고 제사를 지내는 날이다. 이 무렵은 날씨가 따뜻해지고 초목이 소생하므로 성묘하러 교외로 나온 김에 들놀이를 가거나 연을 날리기도 했다. 그 다음 날이 한식으로, 옛날에 진문공이 산에 은거한 충신 개자추를 나오게 하기 위해 산에 불을 질렀지만 개자추는 끝내 나오지 않고 산속에서 불타 죽고 말았다. 이를 애도하기 위해서 이날은 불을 금하고 찬 음식을 먹는다고 전해진다.

단오절端午节(duānwǔjié, 똰우지에) : 음력 5월 5일
중국 초나라 굴원屈原이 세태를 비관하여 강물에 투신한 날을 기념하는 명절이다. 당시 굴원을 흠모하는 백성들이 강의 물고기들이 굴원의 시신을 먹지 못하도록 종자粽子(zòngzǐ, 쫑쯔)라는 것을 만들어서 물에 뿌렸는데, 쫑쯔는 댓잎 속에 찰밥을 넣은 간이 식품으로 지금도 길거리나 시장에서 간식거리로 애용된다. 또한 배를 타고 굴원의 시체를 찾기 위해서 헤매던 것을 기리기 위해 용선龙船(lóngchuán, 롱촨) 경주를 한다.

중추절中秋节(zhōngqiūjié, 중치우지에) : 음력 8월 15일
팔월대보름으로 일반 가정집에서 달의 형상을 본 뜬 찐빵인 월병月饼(yuèbǐng, 위에삥)을 먹고 가족의 행복과 평안을 기원한다.

중양절重阳节(zhòngyángjié, 중양지에) : 음력 9월 9일
중양절은 9자가 두 번 겹치고 양기가 강한 날이라 붙여진 이름이다. 이날은 높은 곳에 올라가 단풍 구경을 하고 국화로 빚은 술을 마시며, 시를 짓고 그림을 그리며 즐기는 명절이다. 지금은 노인절로 지정하고 있다.

동지冬至(dōngzhì, 똥즈)
일 년 중 밤이 가장 길고 낮이 가장 짧은 날이다. 우리나라에서는 동짓날에 팥죽을 먹는 관습이 있는데, 중국에서는 양고기 샤브샤브를 먹는 관습이 있다.

中國語

08 각종 편의시설 이용

▌은행

[환전]

A 어디서 환전을 합니까?

在哪儿换钱?

zài nǎ ér huàn qián?

짜이 나 얼 환 치엔?

B 7번 창구로 가세요.

请到七号窗口.

qǐng dào qī hào chuāng kǒu.

칭 따오 치 하오 촹 코우.

A 100달러를 중국 돈으로 바꾸려고 하는데요.

一百美元, 换成人民币.

yī bǎi měi yuán, huàn chéng rén mín bì.

이 빠이 메이 위엔, 환 청 런 민 삐.

C 알겠습니다. 이 환전 신청서를 작성해 주세요.

好吧. 请您填这张外滙兑换单.

hǎo ba. qǐng nín tián zhè zhāng wài huì duì huàn dān.

하오 빠. 칭 닌 티엔 저 장 와이 후이 투이 환 딴.

A 이렇게 쓰면 됩니까?

这样写就可以吗?

zhè yàng xiě jiù kě yǐ ma?
저 양 씨에 지우 커 이 마?

C 네, 신분증을 주십시오

是, 请先给你的证件.

shì, qǐng xiān gěi nǐ de zhèng jiàn.
스, 칭 씨엔 게이 니 더 정 지엔.

A 제 여권입니다. 오늘의 환율이 어떻게 됩니까?

这是我的护照. 今天的兑换比价多少?

zhè shì wǒ de hù zhào. jīn tiān de duì huàn bǐ jià duō
shǎo?
저 스 워 더 후 자오. 진 티엔 더 투이 환 비 지아 뚸 사오?

C 1달러에 7원입니다. 여기 있습니다, 세어보세요

**一美元兑换7人民币. 钱在这儿, 请点
一点.**

yī měi yuán duì huàn qī rén mín bì. qián zài zhè ér, qǐng
diǎn yī diǎn.
이 메이 위엔 투이 환 치 런 민 삐. 치엔 짜이 저 얼, 칭 띠엔
이 띠엔.

A 감사합니다.

谢谢.

xiè xiè.
씨에 씨에.

새로운 단어

- **换钱** huàn qián 환 치엔 图 환전하다

- **人民币** rén mín bì 런 민 삐 图 인민폐, 중국 화폐

- **外汇兑换单** wài huì duì huàn dān 와이 후이 투이 환 딴
  图 환전 신청서

- **写** xiě 씨에 图 글씨를 쓰다

- **证件** zhèng jiàn 정 지엔 图 증명서, 신분증

- **兑换** duì huàn 투이 환 图 현금과 바꾸다

- **比价** bǐ jià 삐 지아 图图 값을 비교하다, 가격

- **点一点** diǎn yī diǎn 띠엔 이 띠엔 확인해 보세요

중국공상은행

[현금서비스]

A   어떻게 오셨습니까?

您有什么事?

nín yǒu shén me shì?

니 요우 선 머 스?

B   이 은행에서는 신용카드로 현금서비스를 받을 수
있나요?

这银行里能不能用信用卡代款吗?

zhè yín háng lǐ néng bú néng yòng xìn yòng kǎ dài kuǎn ma?

저 인 항 리 넝 부 넝 용 씬 용 카 따이 콴 마?

A   3번 창구로 가세요.

请到三号窗口.

qǐng dào sān hào chuāng kǒu.

칭 따오 싼 하오 촹 커우.

B   신용카드로 현금서비스를 받고 싶습니다.

我想用信用卡取现金.

wǒ xiǎng yòng xìn yòng kǎ qǔ xiàn jīn.

워 씨앙 용 씬 용 카 취 씨엔 진.

C   여기 양식에 기입해서 저에게 주세요. 얼마가 필요
하세요?

请填张这表再给我. 需要多少钱?

qǐng tián zhāng zhè biǎo zài gěi wǒ. xū yào duō shǎo qián?
칭 티엔 장 저 퍄오 짜이 게이 워. 쒸 야오 뚸 사오 치엔?

B 다 썼습니다. 좀 봐주시겠습니까?

写好了. 请看一看?

xiě hǎo le. qǐng kàn yī kàn?
씨에 하오 러. 칭 칸 이 칸?

C 여기 돈과 영수증이 있습니다. 좀 세어보세요.

这儿有钱和收据. 请数一数.

zhè ér yǒu qián hé shōu jù. qǐng shù yī shù.
저 얼 여우 치엔 허 소우 쥐. 칭 수 이 수.

새로운 단어

- **代款** dài kuǎn 따이 콴 　동 대용하다, 서비스 받다
- **取** qǔ 취 　동 찾다, 가지다
- **现金** xiàn jīn 시엔 진 　명 현금
- **数** shù 수 　명동 수, 세다

[계좌 개설]

A 예금 계좌를 새로 개설하려고 하는데요.

我想新开一个存款户头.

wǒ xiǎng xīn kāi yī gè cún kuǎn hù tóu.

워 씨앙 신 카이 이 거 춘 콴 후 토우.

B 신규 가입이시군요! 정기적금으로 하시겠습니까, 보통예금으로 하시겠습니까?

新开帐户啊! 您要定期存款, 还是普通存款?

xīn kāi zhàng hù ā! nín yào dìng qī cún kuǎn, hái shi pǔ tōng cún kuǎn?

씬 카이 장 후 아! 니 야오 띵 치 춘 콴, 하이 스 푸 통 춘 콴?

A 인출이 자유로운 것으로 하고 싶습니다.

我想存活期存款.

wǒ xiǎng cún huó qī cún kuǎn.

워 씨앙 춘 훠 치 춘 콴.

B 그렇다면 보통예금으로 하세요. 현금카드도 신청하시겠어요?

那么你就存普通的吧. 您要申请现金卡吗?

nà me nǐ jiù cún pǔ tōng de ba. nín yào shēn qǐng xiàn jīn kǎ ma?

나 머 니 지우 춘 푸 통 더 빠. 닌 야오 선 칭 씨엔 진 카 마?

A 네. 한꺼번에 다 해주세요.

对. 请给我一次办好.

duì. qǐng gěi wǒ yī cì bàn hǎo.

뚜이. 칭 게이 워 이 츠 빤 하오.

B 도장을 가져오셨어요?

带印章了吗?

dài yìn zhāng le mǎ?

따이 인 장 러 마?

A 가져왔습니다. 여기 있습니다. 이 은행 안에 현금 자동 입출금기가 있나요?

带了. 在这儿. 这银行里有自动取款机吗?

dài le. zài zhè ér. zhè yín háng lǐ yǒu zì dòng qǔ kuǎn jī ma?

따이 러. 짜이 저 얼. 저 인 항 리 요우 쯔 똥 취 콴 지 마?

B 있습니다. 언제든지 이용하실 수 있습니다.

有的. 随时利用吧.

yǒu de. suí shí lì yòng ba.

요우 더. 쑤이 스 리 용 빠.

A 알겠습니다. 감사합니다.

知道了. 谢谢.

zhī dào le. xiè xiè.

즈 따오 러. 씨에 씨에.

새로운 단어

- **新开** xīn kāi 신 카이 새로 개설하다
- **存款** cún kuǎn 춘 관 명동 저금, 예금, 예금하다
- **户头** hù tóu 후 토우 명 구좌, 계좌
- **定期存款** dìng qī cún kuǎn 띵 치 춘 관 명 정기예금
- **普通存款** pǔ tōng cún kuǎn 푸 통 춘 관 명 보통예금
- **活期存款** huó qī cún kuǎn 훠 치 춘 관
  입출금이 자유로운 보통예금
- **申请** shēn qǐng 선 칭 명동 신청, 신청하다
- **现金卡** xiàn jīn kǎ 시엔 진 카 명 현금카드
- **办** bàn 빤 동 처리하다
- **印章** yìn zhāng 인 장 명 인장, 도장
- **自动取款机** zì dòng qǔ kuǎn jī 쯔 똥 취 관 지
  명 현금 자동 입출금기
- **随时** suí shí 쑤이 스 부 수시로
- **利用** lì yòng 리 용 명동 이용, 활용하다

▌ 이발소 및 미용실

[이발소]

A 이리로 오십시오. 어떻게 깎아드릴까요?

请这边儿来. 怎么理发?

qǐng zhè biān ér lái. zěn me lǐ fã?

칭 저 삐엔 얼 라이. 쩐 머 리 파?

B 보기 좋게 깎아주세요.

怎么好就怎么理.

zěn me hào jiù zěn me lǐ.

쩐 머 하오 지우 쩐 머 리.

A 길게 깎아드릴까요 짧게 깎아드릴까요?

剪长点还是剪短点?

jiǎn zhǎng diǎn hái shì jiǎn duǎn diǎn?

지엔 장 띠엔 하이 스 지엔 똰 띠엔?

B 너무 짧게 하지 마세요.

别剪得太短.

bié jiǎn dé tài duǎn.

삐에 지엔 더 타이 똰.

A 알겠습니다. 걱정하지 마세요.

知道了. 别担心.

zhī dào le. bié dān xīn.

즈 따오 러. 삐에 딴 신.

B 빨리 해주셨으면 좋겠습니다.

快一些理.

kuài yī xiē lǐ.

콰이 이 씨에 리.

A 네, 면도도 해드릴까요?

好, 刮胡子吗?

hǎo, guā hú zǐ ma?

하오, 꽈 후 쯔 마?

B 깎아주세요

刮, 给刮刮胡子.

guā, gěi guā guā hú zǐ.

꽈, 게이 꽈 꽈 후 쯔.

A 머리를 감을까요?

洗头吗?

xǐ tóu ma?

씨 토우 마?

B   네, 시간이 없으니 빨리 해주세요.

是, 我没有时间, 越快越好.

shì, wǒ méi yǒu shí jiān, yuè kuài yuè hǎo.

스, 워 메이 요우 스 지엔, 위에 콰이 위에 하오.

A   가르마는 어느 쪽으로 할까요?

往哪边儿分缝儿?

wǎng nǎ biān ér fēn féng ér?

왕 나 삐에 얼 펀 팡 얼?

B   오른쪽으로 가르마를 내주세요.

往右边儿分缝儿.

wǎng yòu biān ér fēn féng ér.

왕 여우 삐엔 얼 펀 팡 얼.

A   드라이 해드릴까요?

要吹头发吗?

yào chuī tóu fà ma?

야오 추이 토우 파 마?

B   좋습니다. 드라이합시다.

好. 吹吧.

hǎo. chuī ba.

하오. 추이 빠.

A 다 되었습니다.

好了, 理完了.

hǎo le, lǐ wán le.

하오 러, 리 완 러.

B 네, 수고하셨어요.

好, 您辛苦了.

hǎo, nín xīn kǔ le.

하오, 닌 씬 쿠 러.

새로운 단어

- **怎么** zěn me 전 머 〔대〕 어떻게, 하는 대로 하다
- **理发** lǐ fà 리 파 〔동〕 이발하다
- **剪** jiǎn 지엔 〔명·동〕 가위, 자르다
- **长** zhǎng 장 〔형·명〕 길다, 길이
- **短** duǎn 뚜안 〔형·명〕 짧다, 단점
- **刮** guā 꽈 〔동〕 깎다
- **胡子** hú zǐ 후 쯔 〔명〕 수염
- **洗头** xǐ tóu 씨 터우 머리를 감다
- **越快越好** yuè kuài yuè hǎo 위에 콰이 위에 하오 빠르면 빠를수록 좋다
- **分** fèn 펀 〔동〕 나누다, 가르다

- **缝儿** féng ér 펑 얼 명 갈라진 부분
- **吹** chuī 추이 통 불다, 드라이
- **头发** tóu fà 토우 파 명 두발
- **完了** wán le 완 러 끝났다, 마쳤다
- **辛苦** xīn kǔ 씬 쿠 명통 고생했다, 수고했다

[미용실]

A 이 자리에 앉으세요 어떤 헤어스타일로 원하세요?

请坐这儿. 你想要什么样的发型?

qǐng zuò zhè ér. nǐ xiǎng yào shén me yàng de fà xíng?

칭 쭤 저 얼. 니 씨앙 야오 선 머 양 더 파 씽?

B 원래 헤어스타일로 자르겠습니다.

就照原来的样子剪.

jiù zhào yuán lái de yàng zǐ jiǎn.

지우 자오 위엔 라이 더 양 쯔 지엔.

A 그렇군요, 당신은 파마를 하려고 하는군요

好的, 你想烫头发.

hǎo de, nǐ xiǎng tàng tóu fà.

하오 더, 니 씨앙 탕 터우 파.

B 네, 굵은 웨이브로 해주세요. 좀 자연스럽게 말아주세요.

对, 我要大波浪. 麻烦你卷得松一点儿.

duì, wǒ yào dà bō làng. má fán nǐ juǎn dé sōng yī diǎn ér.

뚜이, 워 야오 따 뽀 랑. 마 판 니 쮜엔 더 쏭 이 띠엔 얼.

A 알겠습니다. 먼저 머리를 감겠습니다. 무슨 샴푸를 쓰시겠습니까?

知道了. 先洗一下头吧. 用什么洗发水?

zhī dào le. xiān xǐ yī xià tóu ba. yòng shén me xǐ fā shuǐ?

즈 따오 러. 씨엔 씨 이 씨아 토우 빠. 용 선 머 씨 파 수이?

B 아무거나 좋은 것을 쓰세요.

无所谓, 好的就行.

wú suǒ wèi, hǎo de jiù xíng.

우 쒀 웨이, 하오 더 지우 씽.

A 당신은 염색을 하실 생각입니까?

你想染发吗?

nǐ xiǎng rǎn fā ma?

니 씨앙 란 파 마?

B 네, 갈색으로 염색해 주세요.

是, 请给我染棕色的吧.

shì, qǐng gěi wǒ rǎn zōng sè de ba.

스, 칭 게이 워 란 쫑 써 더 빠.

A 당신의 머릿결이 별로 안 좋으니, 정기적으로 코팅을 하세요.

你的发质不太好, 应该定期焗油.

nǐ de fā zhì bú tài hǎo, yīng gāi dìng qī jú yóu.

니 더 파 즈 부 타이 하오, 잉 까이 띵 치 쥐 요우.

B 알겠습니다. 잘 부탁합니다.

知道了. 拜托你.

zhī dào le. bài tuō nǐ.

즈 따오 러. 빠이 퉈 니.

새로운 단어

- 发型 fā xíng 파 씽 **명** 헤어스타일
- 照 zhào 자오 **동** 비추다, 따라
- 原来 yuán lái 위엔 라이 **명부** 원래, 본래
- 样子 yàng zi 양 쯔 **명** 모양
- 烫 tàng 탕 **동** 데다, 파마
- 波浪 bō làng 뽀 랑 **명** 파도, 웨이브
- 卷 juàn 쥐엔 **동** 말다, 감다
- 松 sōng 쏭 **명** 소나무, 느슨하다, 부드럽다
- 洗发水 xǐ fā shuǐ 씨 파 수이 **명** 샴푸
- 无所谓 wú suǒ wèi 우 쒀 웨이 상관없다
- 染发 rǎn fā 란 파 **동** 염색

- 棕色 zōng sè 쫑 써 명 갈색, 다갈색

- 发质 fā zhì 파 즈 명 머릿결

- 应该 yīng gāi 잉 까이 동 마땅히 해야 한다

- 定期 dìng qī 띵 치 동명 정기적으로, 기일을 정하다

- 焗油 jú yóu 쥐 요우 명 머릿기름, 코팅

- 拜托 bài tuō 빠이 퉈 동 부탁하다

[기타 표현]

스트레이트파마를 하려고 합니다.

我想拉直.

wǒ xiǎng lā zhí.

워 씨앙 라 즈

귀가 잘 드러나도록 좀 짧게 잘라주세요.

给我剪短一点儿, 让耳朵露出来就行了.

gěi wǒ jiǎn duǎn yī diǎn ér, ràng ěr duǒ lù chū lái jiù xíng le.

께이 워 지엔 똰 이 띠엔 얼, 랑 얼 뛰 루 추 라이 지우 씽 러.

스포츠형으로 잘라주세요.

就剪个平头吧.

jiù jiǎn gè píng tóu ba.

지우 지엔 커 핑 터우 빠.

삭발로 깎아주세요.

我要剃光头.

wǒ yào tì guāng tóu.

워 야오 티 꽝 터우.

이 모델의 헤어스타일로 잘라주세요!

按这个模特的发型剪吧!

àn zhè gè mó tè de fā xíng jiǎn ba!

안 저 거 모 터 더 파 씽 지엔 빠!

이 정도 길이로 잘라주세요.

按这个长度剪吧.

àn zhè gè zhǎng dù jiǎn ba.

안 저 거 장 뚜 지엔 빠.

머리 좀 감겨주세요.

请帮我洗一下头.

qǐng bāng wǒ xǐ yī xià tóu.

칭 빵 워 씨 이 씨아 터우.

손톱 손질 좀 해주시겠어요?

请帮我修一下指甲可以吗?

qǐng bāng wǒ xiū yī xià zhǐ jiǎ kě yǐ ma?

칭 빵 워 씨우 이 씨아 즈 지아 커 이 마?

다음에 하시죠. 오늘은 시간이 없습니다.

下次吧. 今日没时间了.

xià cì ba. jīn rì méi shí jiān le.

씨아 츠 빠. 진 르 메이 스 지엔 러.

- **拉直** lā zhí 라 즈 곧게 펴다, 스트레이트파마

- **让** ràng 랑 동 양보하다, 권하다

- **耳朵** ěr duǒ 얼 뛰 명 귀

- **露出** lù chū 루 추 동 노출하다

- **平头** píng tóu 핑 터우 명 상고머리, 스포츠형 머리

- **剃** tì 티 동 깎다

- **光头** guāng tóu 광 터우 명 대머리, 삭발

- **按** àn 안 동 누르다, 따르다

- **模特** mó tè 모 터 명 모델

- **长度** zhǎng dù 장 뚜 명 길이

- **修** xiū 씨우 동 수식하다, 손질하다

- **指甲** zhǐ jiǎ 즈 지아 명 손톱

- **下次** xià cì 씨아 츠 명 다음 번

- **时间** shí jiān 스 지엔 명 시간

■ 세탁소

A   번거롭지만 이 옷들을 세탁해 주세요.

麻烦你把这些衣服洗一下.

má fán nǐ bǎ zhè xiē yī fú xǐ yī xià.

마 판 니 빠 저 씨에 이 푸 씨 이 씨아.

B   알겠습니다. 코트 한 벌과 바지 두 벌, 셔츠 세 벌이 군요.

知道了. 一件外套和两条裤子，三件 衬衫.

zhī dào le. yī jiàn wài tào hé liǎng tiáo kù zǐ, sān jiàn chèn shān.

즈 따오 러. 이 지엔 와이 따오 허 량 탸오 쿠 쯔 싼 지엔 천 산.

A   이 셔츠에 커피 자국이 있는데 뺄 수 있습니까? 또 이 바지도 줄이고 싶어요.

这衬衫上有咖啡污渍,能洗淖吗? 而且 裤子裁短.

zhè chèn shān shàng yǒu kā fēi yú zì, néng xǐ nào ma? ér qiě kù zǐ cái duǎn.

저 천 산 상 요우 카 페이 위 쯔, 넝 씨 나오 마? 얼 치에 쿠 쯔 차이 똰.

B 네. 어느 정도 줄일까요?

可以. 您要裁多少?

kě yǐ. nín yào cái duō shǎo?

커 이. 니 야오 차이 뚸 사오?

A 1센티미터 정도요.

一厘米左右.

yī lí mǐ zuǒ yòu.

이 리 미 쭤 요우.

B 알겠습니다. 다음 주 월요일에 오셔서 찾아가세요!
이것은 영수증입니다.

知道了. 您下周一来取吧! 这是收据.

zhī dào le. nín xià zhōu yī lái qǔ ba! zhè shì shōu jù.

즈 따오 러. 닌 씨아 조우 이 라이 취 빠! 저 스 소우 쥐.

A 감사합니다. 모두 얼마입니까?

谢谢. 一共多少钱?

xiè xiè. yī gòng duō shǎo qián?

씨에 씨에. 이 꿍 뚸 사오 치엔?

B 모두 150원입니다.

一共一百五十元.

yī gòng yī bǎi wǔ shí yuán.

이 꿍 이 빠이 우 스 위엔.

- **件** jiàn 지엔 〔접〕 사물의 개체를 세는데 사용. 건, 장 등
- **外套** wài tào 와이 타오 〔명〕 외투
- **条** tiáo 탸오 〔명〕 길고 가는 것을 세는데 사용
- **裤子** kù zǐ 쿠 쯔 〔명〕 바지
- **衬衫** chèn shān 천 산 〔명〕 셔츠, 와이셔츠
- **污渍** yú zì 위 쯔 〔명〕 때, 기름때
- **洗淖** xǐ nào 씨 나오 〔명〕 세탁
- **裁** cái 차이 〔동〕 베다, 자르다, 줄이다
- **厘米** lí mǐ 리 미 〔명〕 센티미터
- **下周** xià zhōu 씨아 조우 〔명〕 내주, 다음 주

▌우체국

[편지]

A   이 편지를 한국에 부치고 싶은데요.

我想把这封信寄到韩国.

我想把这封信寄到韩国.

wǒ xiǎng bǎ zhè fēng xìn jì dào hán guó.

워 씨앙 빠 저 펑 신 지 따오 한 꿔.

B   무게를 달아봅시다. 보통편입니까 아니면 특급편입니까?

称一称重量吧. 是普通吗 还是特级
吗?

chēng yī chēng zhòng liàng ba. shì pǔ tōng ma hái shì
tè jí ma?

청 이 청 중 량 빠. 스 푸 통 마 하이 스 터 지 마?

A 특급편입니다. 얼마짜리 우표를 붙여야 하지요?

走特级. 得贴多少钱的邮票?

zǒu tè jí. dé tiē duō shǎo qián de yóu piào?

쪼우 터 지. 더 티에 뛰 사오 치엔 더 요우 퍄오?

B 100원짜리 우표를 붙이면 됩니다.

贴一百元的邮票就行了.

tiē yī bǎi yuán de yóu piào jiù xíng le.

티에 이 빠 위엔 더 여우 퍄오 지우 씽 러.

A 우표는 어디서 사나요?

邮票在哪儿买?

yóu piào zài nǎ ér mǎi?

요우 퍄오 짜이 나 얼 마이?

B 3번 창구입니다.

三号窗口.

sān hào chuāng kǒu.

싼 하오 촹 코우.

A 감사합니다.

谢谢.

xiè xiè.

씨에 씨에.

새로운 단어

- **封** fēng 펑 명 봉, 봉투, 통
- **信** xìn 신 명 편지
- **寄** jì 지 동 보내다, 부치다
- **称** chēng 청 동 무게를 달다
- **重量** zhòng liàng 종 량 명 중량, 무게
- **普通** pǔ tōng 푸 퉁 형 보통이다
- **特级** tè jí 터 지 명 특급
- **走** zǒu 쪼우 동 가다, 보내다
- **贴** tiē 티에 동 붙이다
- **邮票** yóu piào 요우 퍄오 명 우표

[등기우편]

A 등기우편을 부치고 싶습니다.

我想寄挂号信.

wǒ xiǎng jì guà hào xìn.

워 씨앙 지 꽈 하오 씬.

B 네. 먼저 이 표를 기입해 주십시오.

好的. 你先填一下这张表吧.

hǎo de. nǐ xiān tián yī xià zhè zhāng biǎo ba.

하오 더. 니 씨엔 티엔 이 씨아 저 장 뺘오 빠.

A 작성법을 가르쳐주세요.

麻烦您告诉我怎么填.

má fán nín gào sù wǒ zěn me tián.

마 판 닌 까오 쑤 워 쩐 머 티엔.

B 발신인의 성함과 주소, 그리고 수취인의 성함과 주소를 쓰시면 됩니다.

**就在这儿写上寄信人的姓名和地址,
还有收信人的姓名和地址的姓名和
地址就可以了.**

jiù zài zhè ér xiě shàng jì xìn rén de xìng míng hé dì zhǐ,
hái yǒu shōu xìn rén de xìng míng hé dì zhǐ jiù kě yǐ le.

지우 짜이 저 얼 씨에 상 지 씬 런 더 씽 밍 허 띠 쯔. 하이
요우 소우 씬 런 더 씽 밍 허 띠 즈 지우 커 이 러.

A 알겠습니다. EMS로 보내주세요.

知道了. 我要国际特快专递寄去.

zhī dào le. wǒ yào guó jì tè kuài zhuān dì jì qù.

즈 따오 러. 워 야오 꿔 지 커 콰이 좐 띠 지 취.

B 좋습니다. 안에 든 것이 무엇입니까?

好的. 里面装的是什么东西?

hǎo de. lǐ miàn zhuāng de shì shén me dōng xī?

하오 더. 리 미엔 좡 더 스 선 머 뚱 씨?

A 책과 개인 일상용품입니다.

书和个人日常生活用品.

shū hé gè rén rì cháng shēng huó yòng pǐn.

수 허 커 런 르 창 성 훠 용 핀.

B 무게를 달아봅시다. 보험을 들겠습니까?

先称一下重量. 要保险吗?

xiān chēng yī xià zhòng liàng. yào bǎo xiǎn ma?

씨엔 청 이 씨아 중 량. 야오 빠오 씨엔 마?

A 네. 얼마 드리면 됩니까?

是. 需要付多少钱?

shì. xū yào fù duō shǎo qián?

스. 쒸 야오 푸 뚸 사오 치엔?

B   300원입니다.

三百元.

sān bǎi yuán.

싼 빠이 위엔.

A   언제쯤 한국에 도착합니까?

什么时侯可以到韩国?

shén me shí hóu kě yǐ dào hán guó?

선 머 스 호우 커 이 따오 한 꿔?

B   대개 일주일 안에 도착할 수 있습니다.

大概一个星期之内到了.

dà gài yī gè xīng qī zhī nèi dào le.

따 까이 이 커 씽 치 즈 네이 따오 러.

A   알겠습니다. 수고하셨습니다.

知道了. 辛苦了.

zhī dào le. xīn kǔ le.

즈 따오 러. 씬 쿠 러.

- **挂号信** guà hào xìn 꽈 하오 씬 圐 등기우편

- **寄信人** jì xìn rén 지 씬 런 발신인

- **姓名** xìng míng 씽 밍 圐 성명

- **地址** dì zhǐ 띠 즈 圐 주소, 소재지

- **收信人** shōu xìn rén 소우 씬 런 수신인

- **国际特快** guó jì tè kuài 꿔 지 터 콰이 국제특급

- **装** zhuāng 좡 圐 담다

- **书** shū 수 圐 책

- **个人** gè rén 꺼 런 圐 개인

- **日常** rì cháng 르 창 圐圐 일상적인, 평소

- **生活用品** shēng huó yòng pǐn 성 훠 용 핀 생활용품

- **保险** bǎo xiǎn 빠오 씨엔 圐 보험

- **星期** xīng qī 씽 치 圐 주일, 주, 요일

- **辛苦** xīn kǔ 씬 쿠 圐圐 고생하다, 수고하다

병원과 약국

[병원]

A   어디에서 접수를 합니까?

在哪儿挂号?

zài nǎ ér guà hào?

짜이 나 얼 꽈 하오?

B   저쪽 접수창구로 가세요.

请到那边挂号处.

qǐng dào nà biān guà hào chù.

칭 따오 나 삐엔 꽈 하오 추.

C   앉으십시오, 어디가 불편하세요?

请坐, 您哪儿不舒服?

qǐng zuò, nín nǎ ér bú shū fú?

칭 쭤, 닌 나 얼 부 수 푸?

A   열이 나고 목도 아주 아프고 또 기침을 해요.

发烧, 嗓子很疼, 而且总咳嗽.

fā shāo, sǎng zǐ hěn téng, ér qiě zǒng ké sòu.

파 사오, 쌍 쯔 헌 텅, 얼 치에 쫑 커 쏘우.

C   언제부터 증상이 있었습니까?

有什么时侯症状?

yǒu shén me shí hóu zhèng zhuàng?
요우 선 머 스 호우 정 쫭?

A   2~3일 됩니다.

两三天了.

liǎng sān tiān le.
량 싼 티엔 러.

C   입을 크게 벌려보세요. 그리고 이 체온계를 겨드랑이 밑에 끼세요. 열을 재보겠습니다.

张大嘴. 而且把这个体温计插到腋下, 试试计.

zhāng dà zuǐ. ér qiě bǎ zhè gè tǐ wēn jì chā dào yè xià, shì shì jì.
장 따 쭈이. 얼 치에 빠 저 거 티 원 지 차 따오 예 씨아, 스 스 지.

A   병세가 심합니까?

病情严重吗?

bìng qíng yán zhòng ma?
삥 칭 옌 중 마?

C   유행성 독감이군요. 먼저 해열주사를 놓아 드리고 약을 처방해 드리니, 약국에서 사세요.

是流行性感冒. 先给你打一针退烧药, 我给你开个药方, 拿着去药店买药.

shì liú xíng xìng gǎn mào. xiān gěi nǐ dǎ yī zhēn tuì shāo yào,
wǒ gěi nǐ kāi gè yào fāng, ná zhe qù yào diàn mǎi yào.
스 리우 씽 씽 깐 마오. 씨엔 게이 니 따 이 전 투이 사오 야오,
워 게이 니 카이 커 야오 팡, 나 저 취 야오 띠엔 마이 야오.

A   감사합니다.

谢谢.

xiè xiè.
씨에 씨에.

- **挂号** guà hào, 꽈 하오 동 접수시키다, 등록하다

- **挂号处** guà hào chù 꽈 하오 추 명 접수처

- **不舒服** bú shū fú 부 수 푸 불편하다, 기분이 언짢다

- **发烧** fā shāo 파 사오 동 열이 나다

- **嗓子** sǎng zǐ 쌍 쯔 명 목

- **疼** téng 텅 동 아프다

- **咳嗽** ké sòu 커 쏘우 명동 기침하다

- **症状** zhèng zhuàng 정 좡 명 증상, 증세

- **张** zhāng 장 동 열다, 벌리다

- **大嘴** dà zuǐ 따 쭈이 명 큰 입, 대식가

- **体温计** tǐ wēn jì 티 원 지 명 체온계

- 插 chā 차 图 끼우다
- 腋下 yè xià 예 씨아 옆구리 밑
- 试 shì 스 图 시험하다
- 病情 bìng qíng 삥 칭 명 병세
- 严重 yán zhòng 옌 중 형 엄중하다, 심각하다
- 流行性 liú xíng xìng 리우 씽 씽 명 유행성
- 感冒 gǎn mào 깐 마오 명图 감기, 감기에 걸리다
- 打 dǎ 따 놓다
- 针 zhēn 전 명 침, 주사
- 退烧药 tuì shāo yào 투이 사오 야오 명 해열제
- 药方 yào fāng 야오 팡 명 약 처방전
- 药店 yào diàn 야오 띠엔 명 약국

- 中医院 zhōng yī yuàn 쭝 이 위엔 명 중의원
- 中医大夫 zhōng yī dà fū 쭝 이 따 푸 중의사
- 护士 hù shì 후 스 명 간호사
- 内科 nèi kē 네이 커 명 내과
- 牙科 yá kē 야 커 명 치과
- 外科 wài kē 와이 커 명 외과

- 眼科 yǎn kē 옌 커 몡 안과

- 皮肤科 pí fū kē 피 푸 커 몡 피부과

- 耳鼻喉科 ěr bí hóu kē 얼 삐 허우 커 몡 이비인후과

- 妇产科 fù chǎn kē 푸 찬 커 몡 산부인과

- 泌尿科 bì niào kē 삐 냐오 커 몡 비뇨기과

- 问诊 mén zhěn 먼 전 몡 외래 진찰, 문진

- 注射室 zhù shè shì 주 서 스 몡 주사실

- 发冷 fā lěng 파 렁 동 오한이 나다, 몸이 떨리다

- 头疼 tóu téng 토우 텅 몡 두통

- 贫血 pín xuè 핀 쉬에 몡 빈혈

- 气喘 qì chuǎn 치 촨 몡 해소, 천식

- 恶心 è xīn 어 씬 몡 속이 메스껍다, 나쁜 마음

- 胃疼 wèi téng 웨이 텅 위통

- 便秘 biàn mì 삐엔 미 몡 변비

- 盲肠炎 máng cháng yán 망 창 옌 몡 맹장염

- 肺炎 fèi yán 페이 옌 몡 폐렴

- 烧伤 shāo shāng 사오 상 몡 화상

- 跌打损伤 diē dǎ sǔn shāng 티에 따 순 상 몡 타박상

- 扭伤 niǔ shāng 니우 상 동 삐다

- 撞伤 zhuàng shāng 좡 상 동 부딪치다

- 骨折 gǔ zhé 꾸 저 몡 골절

- 肩膀酸痛 jiān bǎng suān tòng 지엔 빵 쏸 퉁 몡 견비통

- 腰疼 yāo téng 야오 텅 뗑 요통
- 发麻 fā má 파 마 뗑 마비되다, 저리다
- 湿疹 shī zhěn 스 전 뗑 습진
- 脉搏 mài bó 마이 뽀 뗑 맥박
- 月经 yuè jīng 위에 징 뗑 월경
- 老病 lǎo bìng 라오 삥 뗑 지병
- 哮喘 xiāo chuǎn 샤오 촨 뗑 천식
- 痛经 tòng jīng 통 징 뗑 생리통
- 糖尿病 táng niào bìng 탕 냐오 삥 뗑 당뇨병
- 心脏病 xīn zàng bìng 씬 짱 삥 뗑 심장병
- 伤寒 shāng hán 상 한 뗑 장티푸스
- 结核 jié hé 지에 허 뗑 결핵
- 狂犬病 kuáng quǎn bìng 쾅 치엔 삥 뗑 광견병
- 肺炎 fèi yán 페이 옌 뗑 폐렴
- 中暑 zhōng shǔ 쫑 수 뗑 열사병
- 牙痛 yá tòng 야 통 뗑 치통
- 食物中毒 shí wù zhōng dú 스 우 쫑 뚜 뗑 식중독
- 高血压 gāo xuè yā 까오 쉬에 야 뗑 고혈압
- 消化不良 xiāo huà bú liáng 샤오 화 부 량 뗑 소화불량
- 过敏 guò mǐn 꿔 민 뗑 알레르기
- 阑尾炎 lán wěi yán 난 웨이 옌 뗑 맹장염
- 闹肚子 nào dù zǐ 나오 뚜 쯔 뗑 배탈

- 腹泻 fù xiè 푸 씨에 명 설사
- 高山病 gāo shān bìng 가오 산 삥 명 고산병
- 体温过低症 tǐ wēn guò dī zhèng 티 원 꿔 띠 정 명 저체온증
- 支管支炎 zhī guǎn zhī yán 즈 꽌 즈 옌 명 기관지염
- 肝炎 gān yán 깐 옌 명 간염

[약국]

A 여기 의사의 약 처방전이 있어요.

这儿有医生开的药方.

zhè ér yǒu yī shēng kāi de yào fāng.

저 얼 요우 이 성 카이 더 야오 팡.

B 조금만 기다리세요… 여기 약이 나왔습니다. 식후에 복용하세요.

请稍等… 这儿有药. 请在饭后用药.

qǐng shāo děng… zhè ér yǒu yào. qǐng zài fàn hòu yòng yào.

칭 사오 떵… 저 얼 요우 야오. 칭 짱 판 호우 용 야오.

A 주의할 것이 있나요?

有注意的吗?

yǒu zhù yì de ma?

요우 주 이 더 마?

B 아침저녁으로 1포씩 드시고, 부작용이 생기면 즉각 복용을 중지하십시오

早晚各吃一包，有副作用的话，请马 上停止服用.

zǎo wǎn gè chī yī bāo, yǒu fù zuò yòng de huà, qǐng mǎ shàng tíng zhǐ fú yòng.

짜오 완 거 츠 이 빠오, 요우 푸 쮜 용 더 화, 칭 마 상 팅 즈 푸 용.

A 알겠습니다. 아스피린 한 알과 소화제도 주세요.

知道了. 请再给我一片阿斯匹林和消 化剂.

zhī dào le. qǐng zài gěi wǒ yī piàn ā sī pǐ lín hé xiāo huà jì.

즈 따오 러. 칭 짜이 게이 워 이 피엔 아 스 피 린 허 쌰오 화 지.

B 여기 약이 있습니다, 모두 100원입니다.

这儿有药，一共一百元钱.

zhè ér yǒu yào, yī gòng yī bǎi yuán qián.

저 얼 요우 야오, 이 꿍 이 빠이 위엔 치엔.

A 감사합니다. 돈은 여기 있습니다.

谢谢. 钱在这儿.

xiè xiè. qián zài zhè ér.

씨에 씨에. 치엔 짜이 저 얼.

B 그럼 몸조리 잘하세요

请您注意身体调养.

qǐng nín zhù yì shēn tǐ diào yǎng.

칭 닌 주 이 선 티 띠아오 양.

- 医生 yī shēng 이 성 명 의사

- 饭后 fàn hòu 판 호우 명 식후

- 用药 yòng yào 용 야오 명 용약

- 注意 zhù yì 주 이 동 주의하다

- 早晚 zǎo wǎn 짜오 완 명부 아침저녁

- 各 gè 꺼 대 각기

- 包 bāo 빠오 명 포

- 副作用 fù zuò yòng 푸 쭤 용 명 부작용

- 停止 tíng zhǐ 팅 즈 동 정지하다

- 服用 fú yòng 푸 용 명동 복용하다, 먹다

- 一片 yī piàn 이 피엔 한 알

- 阿斯匹林 ā sī pī lín 아 쓰 피 린 명 아스피린

- 消化剂 xiāo huà jì 샤오 화 지 명 소화제

- 身体 shēn tǐ 선 티 명 신체, 몸

- 调养 diào yǎng 띠아오 양 동 몸조리하다

- **中药** zhōng yào 쫑 야오 명 중약

- **沙布** shā bù 사 뿌 명 파스

- **软膏** ruǎn gāo 루안 까오 명 연고

- **胃肠药** wèi cháng yào 웨이 창 야오 명 위장약

- **镇痛剂** zhèn tòng jì 전 퉁 지 명 진통제

- **安眠药** ān mián yào 안 미엔 야오 명 수면제

- **晕车药** yūn chē yào 윈 처 야오 명 멀미약

- **牛黄清心丸** niú huáng qīng xīn wán 니우 황 칭 씬 완 명 우황청심환

- **抗生素** kàng shēng sù 캉 성 쑤 명 항생제

- **消毒药** xiāo dú yào 샤오 뚜 야오 명 소독제

- **绷带** bēng dài 뻥 따이 명 붕대

- **眼药** yǎn yào 옌 야오 명 안약

- **泻药** xiè yào 씨에 야오 명 설사약

- **创可贴** chuàng kě tiē 촹 커 티에 명 반창고

- **止痰药** zhǐ tán yào 즈 탄 야오 명 가래약

- **止咳药** zhǐ ké yào 즈 커 야오 명 기침약

- **防脱水药** fáng tuō shuǐ yào 팡 퉈 스 야오 명 탈수방지약

- **消炎药** xiāo yán yào 쌰오 옌 야오 명 소염약

- **便秘药** biàn mì yào 삐엔 미 야오 명 변비약

- **漱口液** shù kǒu yè 수 커우 예 명 구강청결제

- **维生素** wéi shēng sù 웨이 성 쑤 명 비타민

中國語

09

관광

관광안내소

A 안녕하세요! 무엇을 도와드릴까요?

你好! 有什么需要帮忙吗?

nǐ hǎo! yǒu shén me xū yào bāng máng ma?

니 하오! 요우 선 머 쉬 야오 빵 망 마?

B 서안 시내 관광을 하고 싶은데, 소개해 주세요.

我想游览一下西安市, 介绍一下.

wǒ xiǎng yóu lǎn yī xià xī ān shì, jiè shào yī xià.

워 씨앙 요우 람 이 씨아 씨 안 스, 지에 사오 이 씨아.

A 며칠 코스로 어디를 구경하고 싶으세요?

您要几天的行程, 去什么地方?

nín yào jǐ tiān de xíng chéng, qù shén me dì fāng?

닌 야오 지 티엔 더 씽 청, 취 선 머 띠 팡?

B 하루 코스로 시내 관광을 하고 싶습니다.

只有今天一天的时间, 要看市内观光.

zhī yǒu jīn tiān yī tiān de shí jiān, yào kàn shi nèi guān guāng.

즈 요우 진 티엔 이 티엔 더 스 지엔, 야오 칸 스 네이 꽌 꽝.

A 하루 코스로 병마용, 서북박물관, 비림 등이 있습니다.

一天的行程有兵马俑, 西北博物馆, 碑林等.

yī tiān de xíng chéng yǒu bīng mǎ yǒng, xī běi bó wù guǎn, bēi lín děng.

이 티엔 더 씽 청 요우 삥 마 용, 씨 뻬이 보 우 꽌, 뻬이 린 등.

B 비용은 얼마인가요?

需要多少钱?

xū yào duō shǎo qián?

쒸 야오 뛰 사오 치엔?

A 입장료만 지불하면 됩니다.

给你门票就行了.

gěi nǐ mén piào jiù xíng le.

게이 니 먼 퍄오 지우 씽 러.

B 서안 관광지도가 있습니까?

有西安旅游地图吗?

yǒu xī ān lǚ yóu dì tú ma?

요우 씨 안 뤼 요우 띠 투 마?

A 여기 있습니다.

这儿有的.

zhè ér yǒu de.

저 얼 요우 더.

B 얼마입니까?

多少钱?

duō shǎo qián?

뚸 사오 치엔?

A 공짜로 드리는 것입니다.

免费给你.

miǎn fèi gěi nǐ.

미엔 페이 게이 니.

B 감사합니다.

谢谢.

xiè xiè.

씨에 씨에.

새로운 단어

- **帮忙** bāng máng 빵 망 동명 일을 돕다, 도움
- **游览** yóu lǎn 요우 란 동명 유람하다, 유람
- **西安** xī ān 씨 안 명 서안
- **行程** xíng chéng 씽 청 동명 여정, 출발하다
- **兵马俑** bīng mǎ yǒng 삥 마 용 명 병마용
- **西北博物馆** xī běi bó wù guǎn 씨 베이 뽀 우 관 명 서북박물관
- **碑林** bēi lín 뻬이 린 명 비림

- **门票** mén piào 먼 퍄오 [명] 입장권
- **旅游地图** lǚ yóu dì tú 뤼 요우 띠 투 [명] 관광지도
- **免费** miǎn fèi 미엔 페이 [동] 무료로 하다

화산 등반길

화산 안내판

물품보관소를 적극 활용하자

여행 중에 짐은 점차 늘어나기 마련이고, 모든 짐을 다 가지고 다니려면 대단히 번거롭기 마련이다. 이때에 물품보관소인 행리기준처行李寄存处(xínglǐjìcúnchu, 씽리지춘추)를 적극 이용하자!

이 물품보관소는 공항은 물론이고 호텔뿐만 아니라 기차역이나 장거리 버스터미널 등에 구비되어 있다. 또한 관광지, 유적지나 박물관에서도 짐을 보관해 주는 곳이 있다. 잠깐 한두 시간 보관해 주는 거라 서비스 차원에서 해주기도 한다. 단지 주의할 점은 폭발 위험성이 있는 물건은 받지 않고 귀중품, 현금, 중요 서류 등은 일반적으로 맡아주지 않는다. 또한 물품의 안전한 보관과 정리를 위해 보관 기간 동안 물건을 넣거나 꺼낼 수 없다. 요금은 시간이나 하루 단위로 정산된다.

물품보관소

관광지 입장료

A 입장료가 얼마입니까?

门票多少钱?

mén piào duō shǎo qián?

먼 퍄오 뚸 사오 치엔?

B 어른은 30원이고, 어린이는 10원입니다.

成人三十元, 儿童十元.

chéng rén sān shí yuán, ér tóng shí yuán.

청 런 싼 스 위엔, 얼 통 스 위엔.

A 어른표 두 장과 어린이표 세 장을 주세요.

来两张成人票, 三张儿童票.

lái liǎng zhāng chéng rén piào, sān zhāng ér tóng piào.

라이 량 장 성 런 퍄오, 싼 장 얼 통 퍄오.

B 모두 90원입니다.

一共九十元.

yī gòng jiǔ shí yuán.

이 꿍 지우 스 위엔.

A 입구가 어디죠?

门口在哪儿?

mén kǒu zài nǎ ér?

먼 코우 짜이 나 얼?

B 저쪽으로 가시면 됩니다.

这边走就到了.

zhè biān zǒu jiù dào le.

저 삐엔 쩌우 지우 따오 러.

C 입장권을 보여주세요.

请出示门票.

qǐng chū shì mén piào.

칭 추 스 먼 퍄오.

A 여기 있습니다.

这我有的.

zhè wǒ yǒu de.

저 워 요우 더.

새로운 단어

- **成人** chéng rén 청 런 [명] 성인
- **儿童** ér tóng 얼 통 [명] 아동
- **门口** mén kǒu 먼 코우 [명] 입구
- **出示** chū shì 추 스 [동] 제시하다, 보이다

기념사진

A 여기서 사진을 찍어도 되나요?

在这儿可不可以拍照?

zài zhè ér kě bú kě yǐ pāi zhào?

짜이 저 얼 커 부 커 이 파이 자오?

B 됩니다. / 안 됩니다.

可以. / 不可以.

kě yǐ / bú kě yǐ.

커 이. / 부 커 이.

A 죄송하지만 사진 좀 찍어주실래요? 여기를 누르기만 하면 됩니다.

麻烦您帮我们照一张相, 好吗? 按这儿就行.

má fán nín bāng wǒ men zhào yī zhāng xiàng, hǎo ma?
àn zhè ér jiù xíng.

마 판 닌 빵 워 먼 자오 이 장 씨앙, 하오 마? 안 저 얼 지우 씽.

B 그러지요. 자, 찍겠습니다. 하나, 둘, 셋. 찍었습니다.

好. 来, 一, 二, 三. 照了.

hǎo. lái, yī, èr, sān. zhào le.

하오. 라이, 이, 얼, 싼. 자오 러.

A   다시 한 장만 찍어주실래요?

再给照一张吧?

zài gěi zhào yī zhāng ba?

짜이 게이 자오 이 장 빠?

기념품점

A   이 지역에 유명한 토산물은 무엇입니까?

这里的最有名的土特产是什么?

zhè lǐ de zuì yǒu míng de tǔ tè chǎn shì shén me?

저 리 더 쭈이 요우 밍 더 투 터 찬 스 선 머?

B　이곳은 차와 술, 비단, 옥 등이 유명해요.

这里的茶和酒，绸缎，还有玉产品都很有名.

zhè lǐ de cha´hé jiǔ, chóu duàn, hái yǒu yù chǎn pǐn dōu hěn yǒu míng.

저 리 더 차 허 지우, 초우 탄, 하이 요우 위 찬 핀 떠우 헌 요우 밍.

A　토산품을 사려면 어디로 가야 하죠?

到哪儿去可以买这里的土产品?

dào nǎ ér qù kě yǐ mǎi zhè lǐ de tǔ chǎn pǐn?

따오 나 얼 취 커 이 마이 저 리 더 투 찬 핀?

B　저쪽으로 가시면 토산품 상점이 있습니다.

这边走就到土产品商店.

zhè biān zǒu jiù dào tǔ chǎn pǐn shāng diàn.

저 삐엔 쩌우 지우 따오 투 찬 핀 상 띠엔.

A　감사합니다. 이 지역 토산품을 좀 보여주시겠습니까?

谢谢. 看一下这里的土产品好吗?

xiè xiè. kàn yī xià zhè lǐ de tǔ chǎn pǐn hǎo ma?

씨에 씨에. 칸 이 씨아 저 리 더 투 찬 핀 하오 마?

C　여기 진열된 토산품이 아주 좋습니다.

这里摆的有产品都挺好的.

zhè lǐ bǎi de yǒu chǎn pǐn dōu tǐng hǎo de.

저 리 빠이 더 요우 찬 핀 떠우 팅 하오 더.

A 이것은 얼마입니까?

这个多少钱?

zhè gè duō shǎo qián?
저 거 뛰 사오 치엔?

C 이것은 1천 원이고, 저것은 800원입니다.

这个一千块钱, 那个八百块钱.

zhè gè yī qiān kuài qián, nà gè bā bǎi kuài qián.
저 거 이 치엔 콰이 치엔, 나 거 빠 빠이 콰이 치엔.

A 상품은 좋은데, 가격이 너무 비싸군요.

商品是好, 就是价钱太贵了.

shāng pǐn shì hǎo, jiù shì jià qián tài guì le.
상 핀 스 하오, 지우 스 지아 치엔 타이 꾸이 러.

C 싼 것도 있습니다. 또 할인도 됩니다.

有便宜的. 而且打折的.

yǒu pián yí de. ér qiě dǎ zhé de.
요우 피엔 이 더. 얼 치에 따 저 더.

A 한 번 보여주세요.

看一看吧.

kàn yī kàn ba.
칸 이 칸 빠.

C   이 상품은 값도 싸고 품질도 좋습니다.

这商品又便宜又质量好的.

zhè shāng pǐn yòu piàn yí yòu zhì liàng hǎo de.

저 상 핀 요우 피엔 이 여우 즈 량 하오 더.

A   이 상품이 좋겠습니다, 얼마지요?

这商品我喜欢, 多少钱?

zhè shāng pǐn wǒ xǐ huān, duō shǎo qián?

저 상 핀 워 씨 환, 뚸 사오 치엔?

C   20퍼센트 할인해서 300원만 주세요.

打八折, 给我三百元.

dǎ bā zhé, gěi wǒ sān bǎi yuán.

따 빠 저, 게이 워 싼 빠이 위엔.

A   좋습니다, 여기 돈을 드리겠습니다.

好的, 给你钱.

hǎo de, gěi nǐ qián.

하오 더, 게이 니 치엔.

중국 전통 인형

새로운 단어

- **有名** yǒu míng 요우 밍 [형] 유명하다

- **土特产** tǔ tè chǎn 투 터 찬 [명] 지방 특산품, 토산품

- **玉** yù 위 [명] 옥

- **商店** shāng diàn 상 띠엔 [명] 상점

- **摆** bǎi 빠이 [동] 놓다, 진열하다

- **挺** tǐng 팅 [형][부] 특출나다, 매우, 아주

- **价钱** jià qián 지아 치엔 [명] 가격

- **质量** zhì liàng 즈 량 [명] 질과 양, 품질

▍ 기타 유용한 표현

케이블카 / 유람선 어디서 타죠?

到哪儿去可以坐缆车 / 游船?

dào nǎ ér qù kě yǐ zuò lǎn chē / yóu chuán?

따오 나 얼 취 커 이 쭤 란 처 / 여우 촨?

한국어 가이드도 있습니까?

有没有韩国语的导游?

yǒu méi yǒu hán guó yǔ de dǎo yóu?

요우 메이 요우 한 꿔 위 더 따오 여우?

이곳에서 담배를 피워도 됩니까?

在这儿可不可以吸烟?

zài zhè ér kě bú kě yǐ xī yān?

짜이 저 얼 커 부 커 이 씨 이엔?

볼 만한 곳들을 소개해 주세요.

推荐一下好看的地方, 好吗.

tuī jiàn yī xià hǎo kàn de dì fāng, hǎo ma.

투이 지엔 이 씨아 하오 칸 띠 팡, 하오 마.

이 물건을 해외로 가져갈 수 있나요?

这个东西能带出境吗?

zhè gè dōng xī néng dài chū jìng ma?

저 거 똥 씨 넝 따이 추 징 마?

새로운 단어

- **缆车** lǎn chē 란 처 명 케이블카
- **游船** yóu chuán 여우 추안 명 유람선
- **导游** dǎo yóu 따오 여우 명동 가이드, 안내하다
- **吸烟** xī yān 씨 이엔 동 담배를 피우다
- **带** dài 따이 명동 띠, 지니다, 휴대하다
- **出境** chū jìng 추 징 동 국경을 떠나다, 출경하다

중국의 명승지

5대 명산

산 이름 / 별칭	소재지
태산泰山(tàishān, 타이산) / 동악东岳(dōngyuè, 뚱위에)	산동山东(shāndōng, 산뚱)
화산华山(huáshān, 화산) / 서악西岳(xīyuè, 씨위에)	섬서陕西(shǎnxī, 산씨)
형산衡山(héngshān, 헝산) / 남악南岳(nányuè, 난위에)	호남湖南(húnán, 후난)
항산恒山(héngshān, 헝산) / 북악北岳(běiyuè, 뻬이위에)	산서山西(shānxī, 산씨)
숭산嵩山(sōngshān, 쑹산) / 중악中岳(zhōngyuè, 중위에)	하남河南(hénán, 허난)

4대 불교 명산

산 이름	소재지
오대산五台山(wǔtáishān, 우타이산)	산서山西(shānxī, 산씨)
아미산峨眉山(éméishān, 어메이산)	사천四川(sìchuān, 쓰촨)
보타산普陀山(pǔtuóshān, 푸퉈산)	절강浙江(zhèjiāng, 저지앙)
구화산九华山(jiǔhuáshān, 지우화산)	안휘安徽(ānhuī, 안후이)

4대 도교 명산

산 이름	소재지
무당산武当山(wǔdāngshān, 우땅산)	호북湖北(húběi, 후뻬이)
용호산龙虎山(lónghǔshān, 롱후산)	강서江西(jiāngxī, 지앙씨)
제운산齐云山(qíyúnshān, 치윈산)	안휘安徽(ānhuī, 안후이)
청성산青城山(qīngchéngshān, 칭청산)	사천四川(sìchuān, 쓰촨)

8대 석굴

석굴 이름	소재지
운강석굴云冈石窟(yúngāngshíkū, 윈깡스쿠)	산서山西(shānxī, 산씨)
돈황막고굴敦煌莫高窟 (dūnhuángmògāokū, 뚠황모까오쿠)	감숙甘肃(gānsù, 깐쑤)
용문석굴龙门石窟(lóngménshíkū, 롱먼스쿠)	하남河南(hénán, 허난)
맥적산석굴麦积山石窟 (màijīshānshíkū, 마이지산스쿠)	감숙甘肃(gānsù, 깐쑤)
대족석각大足石刻(dàzúshíkè, 따쭈스쿠)	중경重庆(zhòngqìng, 쫑칭)
극자이천불동克孜尔千佛洞 (kèzīěrqiānfódòng, 커쯔얼치엔포똥)	신강新疆(xīnjiāng, 씬지앙)
백자극리극천불동柏孜克里克千佛洞 (bǎizīkèlìkèqiānfódòng, 빠이쯔커리커치엔포똥)	신강新疆(xīnjiāng, 씬지앙)
수미산석굴须弥山石窟 (xūmíshānshíkū, 쉬미산스쿠)	영하宁夏(níngxià, 닝싸)

7대 고성

고성 이름	소재지
남경성南京城(nánjīngchéng, 난징청)	강소江苏(jiāngsū, 지앙쑤)
서안성西安城(xīānchéng, 씨안청)	섬서陕西(shǎnxī, 산씨)
흥성兴城(xingchéng, 씽청)	요녕辽宁(liáoníng, 랴오닝)
형주성荆州城(jīngzhōuchéng, 징조우청)	호북湖北(húběi, 후뻬이)
평요성平遥城(píngyáochéng, 핑야오청)	산서山西(shānxī, 산씨)
수현성寿县城(shòuxiànchéng, 소우씨엔청)	안휘安徽(ānhuī, 안후이)
숭무성장崇武城墙 (chóngwǔchéngqiáng, 충우청치앙)	복건福建(fújiàn, 푸지엔)

4대 명루

누각 이름	소재지
황학루黄鹤楼(huánghèlóu, 황허뤄)	호북湖北(húběi, 후뻬이)
등왕각滕王阁(téngwánggé, 텅왕꺼)	강서江西(jiāngxī, 지앙씨)
악양루岳阳楼(yuèyánglóu, 위에양뤄)	호남湖南(húnán, 후난)
관작루鹳雀楼(guànquèlóu, 꽌치에뤄)	산서山西(shānxī, 산씨)

4대 명정

정자 이름	소재지
취옹정醉翁亭(zuìwēngtíng, 쮸이웡팅)	낭야산琅琊山(lángyáshān, 랑야산)
애만정愛晚亭(àiwǎntíng, 아이완팅)	악록산岳麓山(yuèlùshān, 위에뤼산)
도연정陶然亭(táorántíng, 타오란팅)	북경北京(běijīng, 베이징)
호심정湖心亭(húxīntíng, 후씬팅)	항주杭州(hángzhōu, 항쪼우)

중국에서 가장 아름다운 20대 호수

호수 이름	소재지
청해호青海湖(qīnghǎihú, 칭하이후)	청해青海(qīnghǎi, 칭하이)
서호西湖(xīhú, 씨후)	절강浙江(zhèjiāng, 저지앙)
천도호千岛湖(qiāndǎohú, 치엔따오후)	절강浙江(zhèjiāng, 저지앙)
납목착纳木错(nàmùcuò, 나무춰)	서장西藏(xīzàng, 씨짱)
노고호泸沽湖(lúgūhú, 루꾸후)	사천四川(sìchuān, 쓰촨)
경박호镜泊湖(jìngbóhú, 징뽀후)	흑룡강黑龙江 (hēilóngjiāng, 헤이롱지앙)
객납사호嘧纳斯湖(kānàsīhú, 카나쓰후)	신강新疆(xīnjiāng, 씬지앙)
운성염호运城盐湖 (yùnchéngyánhú, 윈청이엔후)	산서山西(shānxī, 산씨)
무한동호武汉东湖 (wǔhàndōnghú, 우한뚱후)	호북湖北(húběi, 후뻬이)
태평호太平湖(tàipínghú, 타이핑후)	안휘安徽(ānhuī, 안후이)

파양호鄱阳湖(póyánghú, 포양후)	강서江西(jiāngxī, 지앙씨)
동정호洞庭湖(dòngtínghú, 뚱팅후)	하남河南(hénán, 허난)
태호太湖(tàihú, 타이후)	강소江苏(jiāngsū, 지앙쑤) 절강浙江(zhèjiāng, 저지앙)
가흥남호嘉兴南湖 (jiāxingnánhú, 지아씽난후)	절강浙江(zhèjiāng, 저지앙)
양주수서호扬州瘦西湖 (yángzhōushòuxīhú, 양쪼우쏘우씨후)	강소江苏(jiāngsū, 지앙쑤)
정산호淀山湖(diànshānhú, 띠엔산후)	상해上海(shànghǎi, 상하이)
현무호玄武湖(xuánwǔhú, 쉬엔우후)	남경南京(nánjīng, 난징)
청운호青云湖(qīngyúnhú, 칭윈후)	산동山东(shāndōng, 산뚱)
곤명지昆明池(kūnmíngchí, 쿤밍츠)	운남云南(yúnnán, 윈난)
이해洱海(ěrhǎi, 얼하이)	운남云南(yúnnán, 윈난)

중국 세계 자연유산 겸 세계 문화유산

자연 및 문화유산 이름	소재지
태산泰山(tàishān, 타이산) ― 대묘岱庙(dàimiào, 따이먀오), 영암사灵岩寺(língyánsì, 링이엔쓰)	산동山东(shāndōng, 산뚱)
황산黃山(huángshān, 황산)	안휘安徽(ānhuī, 안후이)
아미산峨眉山(éméishān, 어메이산) ―악산대불乐山大佛(lèshāndàfó, 러산따포)	사천四川(sìchuān, 쓰촨)
무이산武夷山(wǔyíshān, 우이산)	복건福建(fújiàn, 푸지엔)

| 사주지로丝绸之路(sīchóuzhīlù, 쓰초우즈루) | 서북西北(xīběi, 씨뻬이) 일대 |
| 중국대운하中国大运河
(zhōngguódàyùnhé, 쭝꿔따윈허) | 북경北京(běijīng, 베이징)
– 항주杭州(hángzhōu, 항조우) |

중국의 세계 자연유산

자연유산 이름	소재지
황룡黄龙(huánglóng, 황롱)	사천四川(sìchuān, 쓰촨)
무릉원武陵源(wǔlíngyuán, 우링위엔)	호남湖南(húnán, 후난)
구채구九寨沟(jiǔzhàigōu, 지우자이꺼우)	사천四川(sìchuān, 쓰촨)
삼강병류三江并流 (sānjiāngbingliú, 싼지앙삥리우)	운남云南(yúnnán, 윈난)
대웅묘서식지大熊猫栖息地 (dàxióngmāoqīxīdì, 따슝마오치씨띠)	사천四川(sìchuān, 쓰촨)
삼청산三清山(sānqīngshān, 싼칭산)	강서江西(jiāngxī, 지앙씨)
천산天山(tiānshān, 티엔산)	신강新疆(xīnjiāng, 씬지앙)
태산泰山(tàishān, 타이산)	산동山东(shāndōng, 산똥)
중국남방객사특中国南方喀斯特 (zhōngguónánfāngkāsītè, 쭝꿔난팡카쓰터) 운남석림云南石林(yúnnánshílín, 윈난스린)	구주여파현贵州荔波县(guìzhōu lìbōxiàng, 꾸이쪼우리뽀씨앙) 중경무용重庆武隆(chóngqìng wǔlóng, 총칭우룽)
징강모천산화석군澄江帽天山化石群 (chéngjiāngmàotiānshānhuàshíqún, 청지앙마오티엔산화스췬)	운남옥계云南玉溪 (yúnnányùxī, 윈난위씨)

중국단하中国丹霞 (zhōngguódānxia, 중꿔딴씨아)	광동단하산广东丹霞山(guǎngdōng dānxiáshān, 꽝똥딴씨아산), 복건태녕福建泰宁 (fújiàntàiníng, 푸지엔타이닝), 호남랑산湖南崀山 (húnánnǎngshān, 호난낭산), 귀주석수贵州赤水(guìzhōuchìshuǐ, 꾸이조오츠수이), 강서용호산화구봉江西龙虎山和龟峰 (iāngxīlónghǔshānhéguīfēng, 쟝씨롱후산허꾸이펑), 절강강랑산浙江江郎山(zhèjiāngjiānglángshān, 저지앙지앙랑산)

중국의 세계 문화경관

문화경관 명칭	소재
여산庐山(lúshān, 루산)	강서江西(jiāngxī, 지앙씨)
오태산五台山(wǔtáishān, 우타이산)	산서山西(shānxī, 산씨)
항주서호杭州西湖 (hángzhōuxīhú, 항조우씨후)	절강浙江(zhèjiāng, 저지앙)
홍하합니제전红河哈尼梯田 (hónghéhānítītián, 홍허하니티티엔)	운남云南(yúnnán, 윈난)

중국의 세계 문화유산

문화유산 명칭	소재지
북경인유지北京人遗址 (běijīngrényízhǐ, 베이징런이즈)	북경北京(běijīng, 베이징)

돈황막고굴敦煌莫高窟 (dūnhuángmògāokū, 뚠황모까오쿠)	감숙甘肃(gānsù, 깐쑤)
장성长城(zhǎngchéng, 장청)	북방北方(běifāng, 뻬이팡)
진시황릉병마용秦始皇陵兵马俑 (qínshǐhuánglíngbīngmǎyǒng, 친스황링삥마용)	섬서陕西(shǎnxī, 산씨)
북경고궁北京故宫(běijīnggùgōng, 베이징꾸꿍)	북경北京(běijīng, 베이징)
무당산고건축武当山古建筑 (wǔdāngshāngǔjiànzhù, 우땅산꾸지엔주)	호북湖北(húběi, 후뻬이)
공묘孔庙(kǒngmiào, 콩먀오) 공부孔府(kǒngfǔ, 콩푸)	산동山东(shāndōng, 산뚱)
승덕피서산장사묘承德避暑山庄寺庙(chéngdébìshǔshānzhuāngsìmiào, 청떠삐수산좡쓰먀오)	하북河北(héběi, 허뻬이)
포달랍궁布达拉宫(bùdálāgōng, 부따라꿍)	서장西藏(xīzàng, 시짱)
소주고전원림苏州古典园林 (sūzhōugǔdiǎnyuánlín, 쑤조우꾸띠엔위엔린)	강소江苏(jiāngsū, 지앙쑤)
평요고성平遥古城(píngyáogǔchéng, 핑야오꾸청)	산서山西(shānxī, 산씨)
여강고성丽江古城(lìjiānggǔchéng, 리지앙꾸청)	운남云南(yúnnán, 윈난)
천단天坛(tiāntán, 티엔탄)	북경北京(běi jīng, 베이징)
이화원颐和园(yíhéyuán, 이허위엔)	북경北京(běi jīng, 베이징)
대족석각大足石刻(dàzúshíkè, 따쭈스커)	중경重庆(chóngqìng, 충칭)
서체굉촌고촌락西递宏村古村落 (xīdìhóngcūngǔcūnluò, 씨띠홍춘꾸춘뤄)	안휘安徽(ānhuī, 안후이)
명청황가릉침明清皇家陵寝 (míngqīnghuángjiālíngqìn, 밍칭황쟈링친)	북경北京(běijīng, 베이징), 하북河北(héběi, 허뻬이), 호북湖北(húběi, 후뻬이),

	강소江苏(jiāngsū, 지앙쑤), 요녕辽宁(liáoníng, 랴오닝)
낙양용문석굴洛阳龙门石窟 (luòyánglóngménshíkū, 뤄양롱먼스쿠)	하남河南(hénán, 허난)
청성산青城山(qīngchéngshān, 칭청산)	사천四川(sìchuān, 쓰촨)
도강언都江堰(dōujiāngyàn, 또우지앙이엔)	사천四川(sìchuān, 쓰촨)
운강석굴云冈石窟(yúngāngshíkū, 윈깡스쿠)	산서山西(shānxī, 산씨)
오문역사성구澳门历史城区 (àoménlìshǐchéngqū, 아오먼리스청취)	오문澳门(àomén, 아오먼)
안양은허安阳殷墟(ānyángyīnxū, 안양인쉬)	하남河南(hénán, 허난)
개평조루开平碉楼 (kāipíngdiāolóu, 카이핑땨오러우), 고촌락古村落(gǔcūnluò, 꾸춘뤄)	광동广东(guǎngdōng, 꽝뚱)
토루土楼(tǔlóu, 투러우)	복건福建(fújiàn, 푸지엔)
원상도유지元上都遗址 (yuánshàngdōuyízhǐ, 위엔상또우이즈)	내몽고内蒙古 (nèiménggǔ, 나이멍꾸)
경항대운하京杭大运河 (jīnghángdàyùnhé, 징항따윈허)	북경北京(běijīng, 베이징) — 항주杭州(hángzhōu, 항 조우)
실크로드丝绸之路(sīchóuzhīlù, 쓰초우즈루)	서북西北(xīběi, 씨뻬이)
영순노사성유지永顺老司城遗址 (yǒngshùnlǎosīchéngyízhǐ, 융순라오쓰청이즈)	호남湖南(húnán, 후난)
은시당애토사성유지恩施唐崖土司城遗址(ēnshītá ngyátǔsīchéngyízhǐ, 언수탕야투쓰청이즈)	호북湖北(húběi, 후뻬이)
준의해룡둔토사유지遵义海龙屯土司遗址(zūnyìhǎ ilóngtúntǔsīyízhǐ, 준이하이롱툰투쓰이즈)	귀주贵州 (guìzhōu, 꾸이조우)

中國語

10

오락과 취미

노래방

A   내 여자 친구와 노래방 가려고 하는데 너도 함께 갈래?

我打算女朋友去唱卡拉OK. 你要一起去吗?

wǒ dǎ suàn nu péng yǒu qù chàng kǎ lā OK. nǐ yào yī qǐ qù ma?

워 따 쏸 뉘 펑 여우 치 창 카 라 OK. 니 야오 이 치 취 마?

B   좋아. 나도 함께 갈게!

好的. 我也一起去吧!

hǎo de. wǒ yě yī qǐ qù ba!

하오 더. 워 예 이 치 취 빠!

A   룸 하나에 얼마입니까?

一个包厢多少钱?

yī gè bāo xiāng duō shǎo qián?

이 거 빠오 씨앙 뚸 사오 치엔?

C   한 시간에 50원입니다.

一个时间, 五十元.

yī gè shí jiān, wǔ shí yuán.

이 거 스 지엔, 우 스 위엔.

A   한국 노래도 있나요? 노래책도 좀 보여주세요.

有没有韩国歌曲? 请给我看看歌曲集.

yǒu méi yǒu hán guó gē qǔ? qǐng gěi wǒ kàn kàn gē qǔ jí.

요우 메이 요우 한 꿔 꺼 취? 칭 께이 워 칸 칸 꺼 취 지.

C   여기 있습니다.

这儿有的.

zhè ér yǒu de.

저 얼 요우 더.

A   술과 술안주도 팝니까?

酒和下酒菜也卖不卖?

jiǔ hé xià jiǔ cài yě mài bú mài?

지우 허 씨아 지우 차이 예 마이 부 마이?

C   팝니다. 여기 메뉴판이 있습니다. 한 번 보십시오.

卖的. 这是我们的菜单. 看一下.

mài de. zhè shì wǒ men de cài dān. kàn yī xià.

마이 더. 저 스 워 먼 더 차이 딴. 칸 이 칸.

A   양주로 주세요. 그리고 땅콩과 양고기 꼬치를 주세요.

给我洋酒. 就要花生米和羊肉串儿.

gěi wǒ yáng jiǔ. jiù yào huā shēng mǐ yáng ròu chuàn ér.

게이 워 양 지우. 지우 아오 화 성 미 허 양 로우 촨 얼.

B   너는 누구 노래를 좋아해?

你最喜欢谁的歌?

nǐ zuì xǐ huān shuí de gē?
니 쭈이 씨 환 수이 더 거?

A   싸이의 강남스타일.

鸟叔的江南style.

niǎo shū de jiāng nán style.
냐오 수 더 쟝 난 style.

B   나도 좋아. 함께 부르자!

我也喜欢. 一起唱吧!

wǒ yě xǐ huān. chàng ba!
워 예 씨 환. 이 치 창 빠!

새로운 단어

- **女朋友** nǚ péng yǒu 뉘 펑 여우 명 여자 친구
- **唱** chàng 창 동 노래하다
- **卡拉OK** kǎ lā OK 카 라 오 께이 명 가라오케
- **一起** yī qǐ 이 치 명부 한 곳, 함께
- **包厢** bāo xiāng 빠오 씨앙 명 박스, 룸
- **韩国歌曲** hán guó gē qǔ 한 꿔 꺼 취 명 한국 가요
- **歌曲集** gē qǔ jí 꺼 취 지 명 노래책

- 下酒菜 xià jiǔ cài 씨아 지우 차이 몡 술안주

- 花生米 huā shēng mǐ 화 성 미 몡 땅콩

- 鸟叔 niǎo shū 냐오 수 몡 싸이

- 江南style jiāng nán style 쟝 난 스타일 몡 강남스타일

나이트클럽

A   어느 나이트클럽 디스코텍이 유명해? 소개 좀 해줘!

哪个夜总会的迪厅有名? 介绍一下!

nǎ gè yè zǒng huì de dí tīng yǒu míng? jiè shào yī xià!

나 꺼 예 쫑 후이 더 띠 팅 요우 밍? 지에 사오 이 씨아!

B   힐튼호텔 나이트클럽의 디스코텍이 유명한데, 같이 갈까?

希尔顿酒店的迪厅挺有名, 一起去怎么样?

xī ěr dùn jiǔ diàn de dí tīng tǐng yǒu míng, yī qǐ qù zěn me yàng?

씨 얼 뚠 지우 띠엔 더 띠 팅 요우 밍, 이 치 취 쩐 머 양?

A   입장료는 얼마예요, 좌석은 있습니까?

门票多少钱, 有没有坐位?

mén piào duō shǎo qián, yǒu méi yǒu zuò wèi?

먼 퍄오 뚸 사오 치엔, 요우 메이 요우 쭤 웨이?

C   50원이고, 좌석은 있습니다. 몇 분입니까?

五十塊, 有坐位. 几个人?

wǔ shí kuài, yǒu zuò wèi. jǐ gè rén?

우 스 콰이, 요우 쭤 웨이. 지 꺼 런?

A   세 사람입니다… 어떤 쇼가 있나요?

三个人… 有什要表演?

sān gè rén… yǒu shí yào biǎo yǎn?

싼 꺼 런… 요우 스 야오 빠오 이엔?

C   있습니다. 유명한 가수가 출연합니다.

有的. 出演有名的歌手.

yǒu de. chū yǎn yǒu míng de gē shǒu.

요우 더. 추 이엔 요우 밍 더 꺼 소우.

A   좋습니다. 우리 술은 위스키로 주세요.

好的. 请给我拿来威示忌.

hǎo de. qǐng gěi wǒ ná lái wēi shì jì.

하오 더. 칭 게이 워 나 라이 웨이 스 지.

C   알겠습니다. 조금만 기다리세요! 여기 있습니다.

知道了. 请稍等! 这儿有的.

zhī dào le. qǐng shāo děng! zhè ér yǒu de.

즈 따오 러. 칭 사오 덩! 저 얼 요우 더.

A 영웅, 함께 춤을 추자!

英雄, 一起跳舞吧!

yīng xióng, yī qǐ tiào wǔ ba!

잉 쓩, 이 치 탸오 우 빠!

B 그래, 우리 신 나게 놀아보자!

好阿, 咱们找乐儿吧!

hǎo ā, zá men zhǎo lè ér ba!

하오 아, 짜 먼 자오 러 얼 빠!

새로운 단어

- 夜总会 yè zǒng huì 예 쫑 후이 몡 나이트클럽
- 迪厅 dí tīng 띠 팅 몡 디스코텍
- 希尔顿酒店 xī ěr dùn jiǔ diàn 씨 얼 뚠 지우 띠엔 몡 힐튼호텔
- 表演 biǎo yǎn 뺘오 이엔 몡동 연출, 연출하다
- 出演 chū yǎn 추 이엔 동 출연하다
- 歌手 gē shǒu 꺼 소우 몡 가수
- 拿来 ná lái 나 라이 동 가져오다
- 威示忌 wēi shì jì 웨이 스 지 몡 위스키
- 跳舞 tiào wǔ 탸오 우 몡동 춤, 춤추다
- 咱们 zá men 짜 먼 댸 우리들
- 找乐儿 zhǎo lè ér 자오 러 얼 동 놀다, 즐기다

PC방

A   부근에 PC방이 있습니까?

附近有没有网吧?

fù jìn yǒu méi yǒu wǎng ba?
푸 진 요우 메이 요우 왕 빠?

B   대학가 근처에 많습니다.

大学街附近很多.

dà xué jiē fù jìn hěn duō.
따 쒜 지에 푸 진 헌 뚸.

A   한 시간에 얼마죠?

一个时间, 多少钱?

yī gè shí jiān, duō shǎo qián?
이 꺼 스 지엔, 뚸 사오 치엔?

B   10원입니다.

十块.

shí kuài.
스 콰이.

A   여기서 한글을 사용할 수 있나요?

在这儿能打韩语吗?

zài zhè ér néng dǎ hán yǔ ma?
짜이 저 얼 넝 따 한 위 마?

B   됩니다. 언어 중에서 조선어를 선택하세요.

可以. 语言中选择朝鲜语.

kě yǐ. yǔ yán zhōng xuǎn zé cháo xiān yǔ.

커 이. 위 이엔 중 쉬엔 쩌 차오 씨엔 위.

A   그렇군요. 감사합니다.

就是. 谢谢.

jiù shi. xiè xiè.

지우 스. 씨에 씨에.

새로운 단어

- **附近** fù jìn 푸 진 명 부근, 근처

- **网吧** wǎng ba 왕 빠   인터넷 카페, PC방

- **大学街** dà xué jiē 따 쉬에 지에 명 대학가

- **打** dǎ 타 동 치다, 때리다

- **韩语** hán yǔ 한 위 명 한국어

- **语言** yǔ yán 위 위엔 명 언어, 말

- **选择** xuǎn zé 쉬엔 쩌 명동 선택, 선택하다

- **朝鲜语** cháo xiān yǔ 차오 시엔 위 명 조선어

- **就是** jiù shi 지우 스 부 맞아, 그래그래, 그렇군요

■ 경극 공연

A   중국 경극을 보고 싶어요. 어디서 볼 수 있지요?

我想看中国的京剧. 在哪儿能看?

wǒ xiǎng kàn zhōng guó de jīng jù. zài nǎ ér néng kàn?

워 씨앙 칸 중 꿔 더 징 쮜. 짜이 나 얼 넝 칸?

B   인민극장에서 합니다.

能看人民剧场.

néng kàn rén mín jù chǎng.

넝 칸 런 민 쮜 창.

A   공연은 몇 시에 합니까?

几点开始?

jǐ diǎn kāi shǐ?

지 띠엔 카이 스?

B   저녁 7시에 합니다.

开始晚上七点钟.

kāi shǐ wǎn shàng qī diǎn zhōng.

카이 스 완 상 치 띠엔 중.

A   매표소가 어디죠?

售票处在哪儿?

shòu piào chù zài nǎ ér?

소우 파오 추 짜이 나 얼?

B 저쪽에 매표소가 있습니다.

这边有售票处.

zhè biān yǒu shòu piào chù.

저 삐엔 여우 소우 퍄오 추.

A 가격이 얼마입니까? 아래층 자리로 2장 주세요.

票价是多少钱? 我要楼下的座位, 给我两张票.

piào jià shì duō shǎo qián? wǒ yào lóu xià de zuò wèi, gěi wǒ liǎng zhāng piào.

퍄오 지아 스 뚸 사오 치엔? 워 야오 로우 씨아 더 쭤 웨이, 게이 워 량 장 퍄오.

C 알겠습니다. 요금은 모두 100원입니다.

知道了. 价格是一共一百元.

zhī dào le. jià gé shì yī gòng yī bǎi yuán.

즈 따오 러. 지아 꺼 스 이 꿍 이 빠이 위엔.

- 京剧 jīng jù 징 쥐 명 경극, 전통 연극
- 人民剧场 rén mín jù chǎng 런 민 쥐 창 명 인민극장
- 开始 kāi shǐ 카이 스 동 개시하다
- 票价 piào jià 퍄오 지아 명 표값, 티켓 가격
- 楼下 lóu xià 로우 씨아 명 아래층, 일층

■ 카지노

A 이 호텔에 카지노가 있나요?

这家酒店有没有赌场?

zhè jiā jiǔ diàn yǒu méi yǒu dǔ chǎng?

저 지아 지우 띠엔 요우 메이 요우 뚜 창?

B 13층에 있습니다.

有十三层.

yǒu shí sān céng.

요우 스 쌍 청.

A 칩을 주세요.

请给我筹码.

qǐng gěi wǒ chóu mǎ.

칭 게이 워 처우 마.

C 얼마를 칩으로 바꿔드릴까요?

你要换成多少筹码?

nǐ yào huàn chéng duō shǎo chóu mǎ?

니 야오 환 청 뚸 사오 초우 마?

A 미화 100불만 바꿔주세요.

换成一百美元.

huàn chéng yī bǎi měi yuán.

환 청 이 빠이 메이 위엔.

C   여기 있습니다.

这儿有的.

zhè ér yǒu de.

저 얼 여우 더.

A   어떤 게임이 재미있어요?

那种游戲比较有意思?

nà zhǒng yóu xì bǐ jiào yǒu yì sī?

나 중 요우 씨 삐 쟈오 요우 이 쓰?

C   슬롯머신은 어때요?

打弹子, 怎么样?

dǎ dàn zǐ, zěn me yàng?

따 딴 쯔, 쩐 머 양?

A   어디에 있어요? 또 어디서 동전을 교환하죠?

在哪儿? 又在哪儿可以换零钱?

zài nǎ ér? yòu zài nǎ ér kě yǐ huàn líng qián?

짜이 나 얼? 요우 짜이 나 얼 커 이 환 링 치엔?

C   저쪽에 있습니다.

这边有的.

zhè biān yǒu de.

저 삐엔 요우 더.

A 감사합니다.

感谢.

gǎn xiè.

깐 씨에.

새로운 단어

- **酒店** jiǔ diàn 지우 띠엔 몡 술집, 호텔

- **赌场** dǔ chǎng 뚜 창 몡 도박장, 카지노

- **换成** huàn chéng 환 청 용 바꾸다

- **筹码** chóu mǎ 초우 마 몡 칩

- **美元** měi yuán 메이 쥔 몡 미국 달러

- **游戏** yóu xì 요우 씨 몡 유희, 게임

- **意思** yì sī 이 쓰 몡 의미, 뜻, 재미

- **打弹子** dǎ dàn zǐ 따 딴 쯔 몡 슬롯머신, 자동 도박기

- **零钱** líng qián 링 치엔 몡 잔돈

노래방 KTV

사람들이 광장에 모여서 부채춤 추는 모습

중국인들의 놀이 문화

현대 중국인들이 가장 즐기는 대중 오락놀이로는 마작麻将(májiāng, 마지앙)이 있다. 마작은 마치 우리가 화투 게임을 좋아하는 것과 마찬가지로 중국 사람들에게 크게 인기를 끌고 있다. 명절이나 휴가 때면 집안과 거리의 골목, 찻집, 음식점 등 장소를 가리지 않고 마작을 하는 모습을 흔히 볼 수 있다. 우스갯소리로 과거 공산정권 수립 직후에 대륙에는 대약진운동大跃进运动이 있었다면 지금은 마작대운동麻将大运动이 벌어지고 있다고 할 정도이다. 그러나 젊은이들은 마작보다 트럼프 놀이인 포커扑克(pūkè, 푸커)를 즐기기도 한다.

마작과 더불어 가장 흔히 볼 수 있는 놀이는 획권划拳(huàquán, 화취엔)이다. 이 놀이는 우리의 묵찌빠 놀이와 비슷한데, 보통 술자리에서 흥을 돋우기 위해서 한다. 게임 방식은 두 사람이 동시에 손가락을 내밀면서 각기 한 숫자를 말하는데, 말하는 숫자와 쌍방에서 내미는 손가락의 합이 서로 부합되면 이기는 것으로, 여기서 지는 사람이 벌주를 마신다. 이 놀이는 한 번 시작되면 주변 사람들은 아랑곳하지 않고 한바탕 도깨비 시장처럼 떠들썩해진다.

안마소

A 전신 안마와 발 안마 중에 어떤 것을 하시겠습니까?

全身按摩和脚底按摩中，你要什么？

quán shēn àn mó hé jiǎo dǐ àn mó zhōng, nǐ yào shén me?

취엔 선 안 모 허 쟈오 띠 안 모 중, 니 야우 선 머?

B 발 안마를 받고 싶어요.

我要脚底按摩.

wǒ yào jiǎo dǐ àn mó.

워 야오 쟈오 띠 안 모.

A 좋습니다. 여기 앉으시죠!

好的. 请坐吧!

hǎo de. qǐng zuò ba!

하오 더. 칭 쭤 빠!

B 얼마나 걸리나요?

需要多长时间?

xū yào duō zhǎng shí jiān?

쒸 야오 뛰 장 스 지엔?

A 30분 걸립니다. 당신은 남자 안마사와 여자 안마사 중 누가 좋겠습니까?

半个时间左右. 你要男按摩师还是要

女按摩师?

bàn gè shí jiān zuǒ yòu. nǐ yào nán àn mó shī hái shì
yào nǚ àn mó shī?

빤 거 스 지엔 쮀 요우. 니 야오 난 안 모 스 하이 스 야오
뉘 안 모 스?

B 여자 안마사 / 남자 안마사가 좋겠습니다.

我要女的 / 我要男的.

wǒ yào nǚ de / wǒ yào nán de.

워 야오 뉘 더 / 워 야오 난 더.

A 만약에 아프면 말씀하세요!

如果痛的话, 请说一下!

rú guǒ tòng de huà, qǐng shuō yī xià!

루 꿔 통 더 화, 칭 수오 이 씨아!

B 너무 아파요. 좀 가볍게 해주세요 / 좀 세게 해주세요.

太痛了. 请轻一点儿. / 用力一点.

tài tòng le. qǐng qīng yī diǎn ér. / yòng lì yī diǎn.

타이 통 러. 칭 칭 이 띠엔 얼. / 용 리 이 띠엔.

A 어느 쪽이 아파요? 이쪽인가요?

哪边痛的吗? 是这边吗?

nǎ biān tòng de ma? shì zhè biān ma?

나 삐엔 통 더 마? 스 저 삐엔 마?

B 예, 그쪽이요. / 아니요, 저쪽이요.

是, 是那边. / 不, 是这边.

shì, shì nà biān. / bù, shì zhè biān.

스 스 나 삐엔. / 부, 스 저 삐엔.

새로운 단어

- **全身按摩** quán shēn àn mó 취엔 선 안 모 명 전신 안마
- **脚底按摩** jiǎo dǐ àn mó 쟈오 띠 안 모 명 발 안마
- **男按摩师** nán àn mó shī 난 안 모 스 명 남자 안마사
- **女按摩师** nü àn mó shī 뉘 안 모 스 명 여자 안마사
- **痛** tòng 통 형 아프다
- **轻** qīng 칭 형 가볍다
- **用力** yòng lì 용 리 동 힘을 쓰다

▌골프 예약

A   골프 예약을 하고 싶은데요.

我想预约打高尔夫球.

wǒ xiǎng yù yuē dǎ gāo ěr fū qiú.

워 씨앙 위 위에 따 까오 얼 푸 치우.

B   언제 치고 싶으세요?

请问什么时侯呢?

qǐng wèn shí me shén hóu ne?

칭 원 선 머 스 허우 너?

A   3월 3일 가능한가요?

三月三日可以吗?

sān yuè sān rì kě yǐ ma?

싼 위에 싼 르 커 이 마?

B   잠시 기다려보세요 네, 가능한데 몇 시가 좋으세요?

请你稍等. 可以, 请问几点呢?

qǐng nǐ shāo děng. kě yǐ, qǐng wèn jǐ diàn ne?

칭 니 사오 떵. 커 이, 칭 원 지 띠엔 너?

A   가능하면 9시쯤이 좋겠습니다.

可以的话, 大约九点左右好的.

kě yǐ de huà, dà yuē jiǔ diàn zuǒ yòu hǎo de.

커 이 더 화, 따 위에 지우 띠엔 쭤 여우 하오 더.

B 네, 그날 오시면 됩니다.

好的, 那天来吧.

hǎo de, nà tiān lái ba.

하오 더, 나 티엔 라이 빠.

A 감사합니다.

谢谢.

xiè xiè.

씨에 씨에.

새로운 단어

● **高尔夫球** gāo ěr fū qiú 까오 얼 푸 치우 몡 골프, 골프공

● **大约** dà yuē 따 위에 튄 거의, 대략

● **左右** zuǒ yòu 쭤 여우 몡 좌와 우, 가량

■ 골프장

A 근처에 골프장이 있나요?

附近有没有高尔夫场?

fù jìn yǒu méi yǒu gāo ěr fū chǎng?

푸 진 요우 메이 요우 까오 얼 푸 창?

B 교외에 있습니다.

市郊有高尔夫场.

shì jiāo yǒu gāo ěr fū chǎng.

스 쟈오 요우 까오 얼 푸 창.

A 가는데 시간이 얼마나 걸립니까?

去的时侯, 用几个少时?

qù de shí hóu, yòng jǐ gè shǎo shí?

취 더 스 호우, 용 지 꺼 사오 스?

B 한 시간 내에 도착해요.

一个少时之内到.

yī gè shǎo shí zhī nèi dào.

이 꺼 사오 스 즈 네이 따오.

A 그럼 갑시다. 이 골프장은 그린이 참 좋군요.

那么去吧. 这球场的草地真的不错.

nà me qù ba. zhè qiú chǎng de cǎo dì zhēn de bú cuò.

나 머 취 빠. 저 치우 창 더 차오 띠 전 더 부 춰.

B 당신은 몇 번 홀을 치고 싶습니까?

你要打几号洞?

nǐ yào dǎ jǐ hào dòng?

니 야오 따 지 하오 뚱?

A 저는 9번 홀을 치고 싶습니다.

我要打九个洞.

wǒ yào dǎ jiǔ gè dòng.

워 야오 따 지우 거 뚱.

B 다음 홀의 거리는 100야드입니다.

下一个洞的距离是一百码.

xià yī gè dòng de jù lí shì yī bǎi mǎ.

씨아 이 거 뚱 더 쮜 리 스 이 빠 마.

A 알겠습니다. 저런, 볼을 또 벙커에 빠뜨렸군요.

知道了. 又把球打进沙坑里了.

zhī dào le. yòu bǎ qiú dǎ jìn shā kēng lǐ le.

즈 따오 러. 여우 빠 치우 따 진 사 컹 리 러.

B 정말 아깝습니다. 조급해하지 마세요.

太可惜了. 别着急.

tài kě xī le. bié zhuo jí.

타이 커 씨 러. 삐에 쮜 지.

A 물수건이 있나요?

有没有湿巾?

yǒu méi yǒu shī jīn?

요우 메이 요우 스 진?

B 여기 있습니다.

这儿有的.

zhè ér yǒu de.

저 얼 요우 더.

A 감사합니다.

谢谢.

xiè xiè.

씨에 씨에.

새로운 단어

- **高尔夫场** gāo ěr fū chǎng 가오 얼 푸 창 명 골프장
- **市郊** shì jiāo 스 쟈오 명 교외
- **球场** qiú chǎng 치우 창 명 구장, 경기장
- **草地** cǎo dì 차오 띠 명 그린
- **洞** dòng 뚱 명 구멍, 홀
- **距离** jù lí 쥐 리 명동 거리, 떨어지다

- **码** mǎ 마 야드
- **沙坑** shā kēng 사 컹 <u>명</u> 모래판, 벙커
- **惜** xī 씨 <u>동</u> 아깝다, 아끼다
- **湿巾** shī jīn 스 진 <u>명</u> 물수건

- **球杖** qiú zhàng 치우 쟝 <u>명</u> 골프채
- **球包** qiú bāo 치우 빠오 <u>명</u> 골프가방
- **一号木** yī hào mù 이 하오 무 <u>명</u> 1번 드라이버
- **木杆** mù gǎn 무 간 <u>명</u> 우드
- **铁杆** tiě gǎn 티에 간 <u>명</u> 아이언
- **推杆** tuī gǎn 투이 간 <u>명</u> 퍼터
- **手套** shǒu tào 소우 타오 <u>명</u> 장갑
- **球标** qiú biāo 치우 빠오 <u>명</u> 마크
- **球座** qiú zuò 치우 쮜 <u>명</u> 구좌, 티 펙
- **记分卡** jì fēn kǎ 지 펀 카 <u>명</u> 기록 카드
- **分数** fēn shù 펀 수 <u>명</u> 점수, 스코어
- **球洞** qiú dòng 치우 뚱 <u>명</u> 홀컵
- **长草** zhǎng cǎo 장 차오 <u>명</u> 러프
- **旗杆** qí gǎn 치 간 <u>명</u> 깃대

- 顺风 shùn fēng 순 펑 동 순풍
- 逆风 nì fēng 니 펑 동 역풍
- 前边儿 qián biān ér 치엔 삐엔 얼 명 앞쪽
- 后边儿 hòu biān ér 허우 삐엔 얼 명 뒤쪽
- 右边 yòu biān 여우 삐엔 명 오른쪽
- 左边 zuǒ biān 쮜 삐엔 명 왼쪽
- 直的 zhí de 즈 더 동 직진

스키장

A　스키용품을 빌리고 싶은데, 빌리는데 얼마죠?

我想租滑雪用品，租赁费多少钱?

wǒ xiǎng zū huá xuě yòng pǐn, zū lìn fèi duō shǎo qián?

워 씨앙 쭈 화 쉬에 용 핀, 쭈 린 페이 뚸 사오 치엔?

B　모두 300원입니다.

一共三百元.

yī gòng sān bǎi yuán.

이 꿍 싼 빠이 위엔.

A 리프트 이용권도 주시길 바랍니다.

请给我一张滑雪缆车利用券.

qǐng gěi wǒ yī zhāng huá xuě lǎn chē lì yòng quàn.

칭 께이 워 이 장 화 쉬에 란 처 이 용 취엔.

B 여기 있습니다.

这儿有的.

zhè ér yǒu de.

저 얼 요우 더.

A 저는 초보자인데 스키 강습을 받고 싶어요 어떻게 하면 되죠?

我是初级水平的人, 我要接受滑雪培训. 怎么办?

wǒ shì chū jí shuǐ píng de rén, wǒ yào jiē shòu huá xuě péi xùn. zěn me bàn?

워 스 추 지 수이 핑 더 런, 워 양 지에 서우 화 쉬에 페이 쉰. 쩐 머 빤?

B 조금만 기다리세요, 제가 선생님을 소개해 드리겠습니다.

请稍等, 我给你介绍老师.

qǐng shāo děng, wǒ gěi nǐ jiè shào lǎo shī.

칭 사오 떵, 워 께이 니 지에 사오 라오 스.

A 감사합니다. 나는 멈추기만 하면 넘어지는데, 어떻게 멈추는지 좀 가르쳐주세요.

谢谢. 我一停就会摔倒, 你教我怎么停吧.

xiè xiè. wǒ yī tíng jiù huì shuāi dǎo, nǐ jiào wǒ zěn me tíng ba.

씨에 씨에. 워 이 팅 지우 후이 쏴이 따오, 니 쟈오 워 쩐 머 팅 빠.

C 많이 넘어져봐야 더 잘 탈 수 있어요. 저를 따라 하세요.

多摔几次, 滑得会更好的. 请跟我来.

duō shuāi jǐ cì, huá dé huì gēng hǎo de. qǐng gēn wǒ lái.

뚸 쏴이 지 츠, 화 더 후이 껑 하오 더. 칭 건 워 라이.

A 좋습니다.

好的.

hǎo de.

하오 더.

새로운 단어

- **滑雪用品** huá xuě yòng pǐn 화 쉬에 용 핀 명 스키용품
- **租赁** zū lìn 쭈 린 동 빌려 쓰다

- **费** fèi 페이 〔명〕 비용

- **滑雪缆车利用券** huá xuě lǎn chē lì yòng quàn
  화 쉬에 란 처 이 용 취엔 〔명〕 리프트 이용권

- **初级** chū jí 추 지 〔명〕 초급

- **水平** shuǐ píng 수이 핑 〔명〕 수준

- **接受** jiē shòu 지에 소우 〔동〕 접수하다, 받아들이다

- **培训** péi xùn 페이 쉰 〔동〕 훈련하다, 강습하다

- **老师** lǎo shī 라오 스 〔명〕 선생님

- **停** tíng 팅 〔동〕 멈추다, 정지하다

- **摔倒** shuāi dǎo 솨이 따오 〔동〕 자빠지다, 넘어지다

- **教** jiào 쟈오 〔동〕 가르치다, 전수하다

중국인들의 공원 문화 및 여가생활

중국은 공원 문화가 매우 발달되었다. 도시마다 크고 작은 공원들이 잘 배치되어 있는데 이는 중국 정부에서 계획적으로, 조밀한 주택난으로 허덕이는 서민들에게 숨통을 트이게 하는 문화 공간으로 발전시켰기 때문이다. 중국의 공원이나 광장 등지에는 이른 아침이나 저녁 무렵에 태극권太极拳(tàijíquán, 타이지치엔), 검술剑术(jiànshù, 지엔수), 기공气功(qìgōng, 치꿍), 각종 사교댄스 등을 연습하는 동호회의 모습을 쉽게 볼 수 있다. 이 밖에도 공원 산책길이나 찻집에선 각자 기르던 새들을 데리고 나와서 새에게 다른 환경을 보여주고 또한 사람들에게 자랑하는 것이 중국인들의 관습 중 하나이다. 생활 속에 중국인들의 여가활동을 살펴보려면 공원을 빠뜨리지 말자.

태극권 수련

中國語

11

응 급 상 황

▌ 도난 및 분실

A   아뿔사! 지갑을 택시 안에 두고 내렸습니다.

糟糕! 我把钱包落在出租车上了.

zāo gāo! wǒ bǎ qián bāo luo zài chū zū chē shàng le.
짜오 까오! 워 빠 치엔 빠오 뤄 짜이 추 쭈 처 상 러.

B   언제 어디서 분실했습니까?

什么时侯? 在哪儿丢的?

shén me shí hóu? zài nǎ ér diū de?
선 머 스 허우? 짜이 나 얼 띠우 더?

A   오늘 공항에서 시내로 가는 택시 안에서 잃어버렸
     습니다.

今天在机场到市内的出租车上丢的.

jīn tiān zài jī chǎng dào shì nèi de chū zū chē shàng diū de.
진 티엔 짜이 지 창 따오 스 네이 더 추 쭈 처 상 띠우 더.

B   당신은 택시 번호를 기억하고 계십니까?

你还记得出租车车牌号吗?

nǐ hái jì dé chū zū chē chē pái hào ma?
니 하이 지 더 추 쭈 처 처 파이 하오 마?

A   기억나지 않습니다.

记不清楚.

jì bù qīng chǔ.
지 부 칭 추.

B 지갑 안에 어떤 물건이 들어 있습니까?

钱包里有什么东西吗?

qián bāo lǐ yǒu shén me dōng xī ma?

치엔 빠오 리 요우 선 먼 뚱 씨 마?

A 약간의 돈과 여권이 있습니다.

有一些钱和护照.

yǒu yī xiē qián hé hù zhào.

요우 이 씨에 치엔 허 후 자오.

B 분실 신고서와 전화번호를 기입해 주십시오. 찾는
즉시 연락드리겠습니다.

**请填遗失申报单和你的电话号码. 找
到的话会马上跟你联系的.**

qǐng tián yí shī shēn bào dān hé nǐ de diàn huà hào mǎ.

zhǎo dào de huà huì mǎ shàng gēn nǐ lián xì de.

칭 티엔 이 스 선 빠오 딴 허 니 더 띠엔 화 하오 마. 자오
따오 더 화 후이 마 상 건 니 리엔 씨 더.

A 만약 찾지 못하면 어떻게 하나요?

如果不能找到的话, 怎么办?

rú guǒ bù néng zhǎo dào de huà, zěn me bàn?

루 꿔 부 넝 자오 따오 더 화, 쩐 머 빤?

B 먼저 파출소를 찾아가서 분실 신고를 하시고, 한국
영사관으로 찾아가서 여권을 재발급 받으세요.

先找派出所挂失报案, 去韩国领事馆.
再办护照.

xiān zhǎo pài chū suǒ guà shī bào àn, qù hán guó lǐng
shì guǎn. zài bàn hù zhào.

시엔 자오 파이 추 쒀 꽈 스 빠오 안, 취 한 꿔 링 스 꽌, 짜이
빤 후 자오.

A   감사합니다. 최대한 빨리 찾아주세요.

感谢. 尽快帮我找, 好吗.

gǎn xiè. jìn kuài bāng wǒ zhǎo, hǎo ma.
깐 씨에, 진 콰이 빵 워 자오, 하오 마.

B   걱정 말고 잠시만 기다려주세요.

别担心, 请稍等.

bié dān xīn, qǐng shāo děng.
삐에 딴 신, 칭 사오 떵.

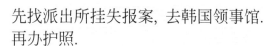
새로운 단어

- **糟糕** zāo gāo 짜오 까오 ⑧ 아뿔싸, 아차

- **钱包** qián bāo 치엔 빠오 ⑲ 돈지갑

- **落** luo 뤄 ⑧ 떨어뜨리다, 놓다

- **丢** diū 띠우 ⑧ 잃어버리다

- **记得** jì dé 지 더 ⑧ 기억하고 있다

- 车牌号 chē pái hào 처 파이 하오 몡 차 번호

- 清楚 qīng chǔ 칭 추 혱 분명하다

- 遗失申报单 yí shī shēn bào dān 이 스 선 빠오 딴
  몡 분실 신고서

- 找到 zhǎo dào 자오 따오 동 찾아내다

- 派出所 pài chū suǒ 파이 추 쒀 몡 공안 파출소

- 挂失报案 guà shī bào àn 꽈 스 빠오 안
  동 분실 신고서를 내다

- 韩国领事馆 hán guó lǐng shì guǎn 한 꿔 링 스 꽌
  몡 한국 영사관

- 尽快 jìn kuài 진 콰이 튄 되도록 빨리

- 找 zhǎo 자오 동 찾다

공안

여기요! 사람 살려요!

来人啊! 救命啊!

lái rén ā! jiù mìng ā!

라이 런 아! 지우 밍 아!

도둑 잡아라!

抓小偷!

zhuā xiǎo tōu!

좌 샤오 터우!

지갑을 도난당했습니다.

钱包被偷了.

qián bāo bèi tōu le.

치엔 빠오 뻬이 터우 러.

경찰을 불러주세요!

叫警察!

jiào jǐng chá!

쟈오 징 차!

여기에서 가장 가까운 경찰서가 어디에 있습니까?

在这儿最近的警察局在哪里?

zài zhè ér zuì jìn de jǐng chá jú zài nǎ lǐ?

짜이 저 얼 쭈이 진 더 징 차 쥐 짜이 나 리?

한국어를 할 줄 아는 사람이 있습니까?

有没有人会说韩语?

yǒu méi yǒu rén huì shuō hán yǔ?

요우 메이 요우 런 후이 쉬 한 위?

신고를 하러 왔습니다.

我是来保案的.

wǒ shì lái bǎo àn de.

워 스 라이 빠오 안 더.

지하철 / 버스 / 택시 안에서 소매치기에게 지갑을 도둑맞았습니다.

在地下铁 / 公共汽车 / 出租车 小偷把我的钱包偷走了.

zài dì xià tiě / gōng gòng qì chē / chū zū chē xiǎo tōu bǎ wǒ de qián bāo tōu zǒu le.

짜이 띠 씨아 티에 / 꿍 꿍 치 처 / 추 쭈 처 쌰오 터우 빠 워 더 치엔 빠오 터우 쩌우 러.

외출한 사이 객실에 놔둔 물건을 몽땅 도둑맞았습니다.

外出的时侯, 放在客房里的东西全被偷了.

wài chū de shí hóu, fàng zài kè fǎng lǐ de dōng xī quán bèi tōu le.

와이 추 더 스 허우, 팡 짜이 커 팡 리 더 뚱 씨 취엔 뻬이 터우 러.

여권 / 여행자 수표 / 신용카드를 잃어버렸습니다.

丢了护照 / 旅行支票 / 信用卡.

diū le hù zhào / lǚ xíng zhī piào / xìn yòng kǎ.
띠우 러 후 자오 / 뤼 씽 즈 퍄오 / 씬 용 카.

신용카드를 취소하고 싶습니다.

我想取消信用卡.

wǒ xiǎng qǔ xiāo xìn yòng kǎ.
워 씨앙 취 쌰오 씬 용 카.

재발행이 됩니까?

可以再申请吗?

kě yǐ zài shēn qǐng ma?
커 이 짜이 선 칭 마?

도와주세요!

帮个忙!

bāng gè máng!
빵 꺼 망!

여기가 아픕니다!

这儿疼!

zhè ér téng!
저 얼 텅!

- **来人** lái rén 라이 런 🔲 여기요! 누구 없어요!
- **救命** jiù mìng 지우 밍 🔲🔲 사람을 구하다, 사람 살려!
- **抓** zhuā 좌 🔲 잡다
- **小偷** xiǎo tōu 샤오 터우 🔲 좀도둑
- **被** bèi 뻬이 🔲 당하다
- **偷** tōu 터우 🔲 도난당하다, 훔치다
- **警察** jǐng chá 징 차 🔲 경찰, 공안
- **警察局** jǐng chá jú 징 차 쥐 🔲 경찰국
- **保案** bǎo àn 빠오 안 🔲 신고
- **取消** qǔ xiāo 취 샤오 🔲 취소하다
- **帮忙** bāng máng 빵 망 🔲🔲 돕다, 도움

긴급 연락처

영사 콜센터

영사 콜센터는 해외에서 사건·사고 또는 긴급한 상황에 처한 우리 국민들에게 도움을 주기 위해 연중무휴 24시간 상담 서비스를 제공하는 곳이다. 영사 콜센터에서는 해외 재난대응, 사건·사고 접수, 해외 안전여행 지원, 신속 해외송금 지원, 해외 긴급 상황 시 서비스 지원, 영사 민원, 통번역 등에 관한 상담 서비스를 제공하고 있다.

해외 이용 시 : 82-2-3210-0404
국내 이용 시 : 02-3210-0404

중국 내 우리 총영사관

중국에는 주 중국 대한민국 대사관 관할 아래 총 8개의 총영사관(香港, 上海, 靑島, 廣州, 沈阳, 成都, 西安, 武汉)과 1개의 출장소(大连)가 개설되어 있다.

● **주 중국 대한민국 대사관 영사부**
전화 : (86-10) 8532-0404
홈페이지 : http://chn.mofa.go.kr

- **주 홍콩 대한민국 총영사관**
  전화 : (852) 2529-4141
  홈페이지 : http://hkg.mofa.go.kr

- **주 상해 대한민국 총영사관**
  전화 : (86-21) 6295-5000
  홈페이지 : http://chn-shanghai.mofa.go.kr

- **주 청도 대한민국 총영사관**
  전화 : (86-532) 8897-6001
  홈페이지 : http://qingdao.mofa.go.kr

- **주 심양 대한민국 총영사관**
  전화 : (86-24) 2385-3388
  홈페이지 : http://chn-shenyang.mofa.go.kr

- **주 광주 대한민국 총영사관**(2001. 08. 28 개설)
  전화 : (86-20) 2919-2999
  홈페이지 : http://chn-guangzhou.mofa.go.kr

- **주 성도 대한민국 총영사관**(2005. 02. 26 개설)
  전화 : (86-28) 8616-5800
  홈페이지 : http://chn-chengdu.mofat.go.kr

- **주 서안 대한민국 총영사관**(2007. 09. 20 개설)
  전화 : (86-29) 8835-1001
  홈페이지 : http://chn-xian.mofa.go.kr

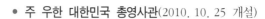

- **주 우한 대한민국 총영사관**(2010. 10. 25 개설)

  전화 : (86-27) 8556-1085

  홈페이지 : http://chn-wuhan.mofa.go.kr

- **주 대련 대한민국 출장소**(2012. 08. 29 개설)

  전화 : (86-411) 8235-6288

  홈페이지 : http://chn-dalian.mofa.go.kr

기타 긴급 연락처

국내 장거리전화 113

국제전화 안내 115

전화번호 안내 114

전화 고장 신고 112

화재 신고 119

범죄 신고 110

교통사고 신고 122

날씨 예보 121

구급센터 120

우편번호 안내 184

표준 시간 안내 117